Wie soll es heißen?

Dietrich Köhr

WIE SOLL ES HEISSEN?

FALKEN
TaschenBuch

Im FALKEN Verlag sind zahlreiche Titel rund ums Thema Baby erschienen.
Sie sind überall erhältlich, wo es Bücher gibt.

Der Text dieses Buches entspricht den Regeln
der neuen deutschen Rechtschreibung.

Dieses Buch wurde auf chlorfrei gebleichtem
und säurefreiem Papier gedruckt.

Völlig überarbeitete Neuausgabe
ISBN 3 635 60067 9

Umschlaggestaltung: Zembsch' Werkstatt, München
Layout: David Barclay, Neu-Anspach
Redaktion: Christiane Rückel
Redaktion dieser Ausgabe: Dr. Dietrich Voorgang, Heidenrod/Susanne Krebs
Herstellung: Torsten Hellbusch
Titelbild: MAPA, Zeven
Zeichnungen: Peter Nieländer, Lüdinghausen
Satz: Peteratzinger DIGITAL-PUBLISHING, Hünstetten
Druck: Wiesbadener Graphische Betriebe GmbH, Wiesbaden

Die Ratschläge in diesem Buch sind von dem Autor und vom Verlag sorgfältig erwogen und geprüft, dennoch kann eine Garantie nicht übernommen werden. Eine Haftung des Autors bzw. des Verlags und seiner Beauftragten für Personen-, Sach- und Vermögensschäden ist ausgeschlossen.

817 2635 44

Vorwort

»Es kommt auf dieser Welt viel darauf an, wie man heißt; der Name tut viel ...« Mit diesen Worten hat der Dichter Heinrich Heine die Bedeutung von Namen und die Wichtigkeit der Namenswahl beschrieben. Viele Gesichtspunkte, die bei der Namensgebung eine Rolle spielen, müssen reiflich bedacht und erwogen werden. Die Namensgebung ist also eine verantwortungsvolle Aufgabe. Früher waren die Menschen bei der Namensgebung in ihren Entschlüssen durch familiäre Traditionen und kirchliche oder gesellschaftliche Bindungen stark eingeengt. Heute wählen die meisten Eltern den Namen für ihr Kind frei nach eigenem Ermessen. Der Name der Paten wird – wenn überhaupt – an zweiter oder dritter Stelle hinzugefügt. Der Rufname aber, den die Eltern oft mithilfe der Verwandten und Freunde – und nicht selten nach langen Beratungen, manchmal auch erregten Debatten – aussuchen, muss vielen Wünschen gerecht werden.
Es soll ein schöner Name sein. Er muss beiden Elternteilen gefallen – und schon das ist nicht immer ganz einfach. Außerdem muss er in seinem Klang, in Sinn und Art, aber auch in seiner Länge zu dem Familiennamen passen.

Dies alles zu vereinen fällt oft schwer. Darüber hinaus ist aber noch mehr zu bedenken, und zwar vor allem, dass das Kind mit seinem Namen ein Leben lang auskommen muss und dass er sich sogar auf seine Persönlichkeit auswirken kann. Der eigene Vorname gehört zu den Worten, die ein Mensch am häufigsten hört. Wie psychologische Studien ergeben haben, spielt die Klangfarbe des Vornamens eine wichtige Rolle. Wie auch in der Musik stimmen helle Klänge optimistisch, dunkle Klänge eher depressiv. Besonders Vornamen, die die Buchstaben A, E, I, M, O und V enthalten, werden von Kindern als wohlklingend empfunden.
Natürlich soll der Name auch Ausdruck der einzigartigen Persönlichkeit des Menschen sein. Sehr ausgefallene Namen können aber einem Kind schon in der Schule Schwierigkeiten bereiten. Die Mitschüler spotten und hänseln vielleicht, sodass das Kind sogar eine Abneigung gegen seinen eigenen Namen entwickeln kann. Besonders lange Namen, so klangvoll und schön sie auch meist sind, werden häufig abgekürzt oder durch einen »Spitznamen« ersetzt. Ein ausgesprochener Modename birgt die Gefahr in sich, dass das Kind leicht mit vielen gleichnamigen Kindern verwechselt wird und dass es den Namen nicht als Ausdruck seiner Individualität empfindet.

Folgende praktische Gesichtspunkte sind bei der Namenswahl zu beachten: Das Geschlecht muss aus dem Vornamen eindeutig hervorgehen. Wenn das nicht der Fall ist, muss ein eindeutiger Zweitname hinzugesetzt werden.
Die Anzahl der Vornamen ist nicht beschränkt. Mehrere Vornamen können durch Bindestrich miteinander verbunden werden. Mehr als zwei Vornamen sind aber nicht zu empfehlen; die Getrenntschreibung ist vorzuziehen.
Stark landschaftlich geprägte Vornamen sollten nur nach reiflicher Überlegung gegeben werden. Bedenken Sie, dass ein bayerischer Vorname sich in Norddeutschland ziemlich ungewöhnlich ausnimmt.
Lange Familiennamen sollten eher mit kurzen Vornamen kombiniert werden und umgekehrt. Nach Möglichkeit sollten sich Vor- und Familienname nicht reimen. Es erleichtert die Aussprache, wenn der Vorname anders auslautet als der Familienname anlautet, also nicht: Martin Neumann.
Zur Erklärung der Namensbedeutungen in diesem Buch noch folgende Hinweise: Bei den Vornamen, die aus dem Althochdeutschen stammen, werden die Bedeutungen der Namensbestandteile getrennt angegeben, da die Bestandteile schon früh mehr oder weniger beliebig zusammengesetzt wurden, sodass sich häufig keine Sinneinheit mehr erkennen lässt. Auch bei Vornamen aus fremden Sprachen lässt sich häufig keine exakte Namensbedeutung angeben, sondern nur, von welchen Worten sie abgeleitet sind. Bei manchen Namen ist die Deutung unsicher oder es kommen mehrere Deutungen infrage.
Übrigens ist dieses Buch nicht für Sprach- und Namensforscher bestimmt, sondern für Eltern, die einen Vornamen suchen, außerdem für alle, die sich ganz allgemein für weibliche und männliche Vornamen interessieren.

Mädchennamen von A bis Z

Gebt euren Kindern schöne Namen,
darin ein Beispiel nachzuahmen,
ein Muster vorzuhalten sei.
Sie werden leichter es vollbringen,
sich guten Namen zu erringen,
denn Gutes wohnt dem Schönen bei.

Friedrich Rückert,
Erbauliches
und Erstaunliches
aus dem Morgenlande

Aa

Abby englische Kurz- und Koseform von Abigail

Abelina (e) *hebräisch:* der Hauch, die Vergänglichkeit; auch Kurzform von Adelberta

Abelke niederdeutsche Koseform von Vornamen, die mit »Adal-« zusammengesetzt sind

Abelone dänische und norwegische Form von Apollonia

Abigail *hebräisch:* Quell der Freude, Vaterfreude

Ada auch Adda, Kurzform von Vornamen, die mit »Adal-« zusammengesetzt sind; *hebräisch:* Zier, Schönheit

Adalberta (e) *aus dem Althochdeutschen:* edel und glänzend

Adalburg *aus dem Althochdeutschen:* edel und Schutz

Adalgard *aus dem Althochdeutschen:* edel und Schutz

Adalia Nebenform von Adele

Adelaide französische Form von Adelheid

Adelberga *aus dem Althochdeutschen:* edel und Schutz

Adelberta weibliche Form von Adalbert

Adele (a) Kurzform von Adelheid

Adelfriede weibliche Form von Adalfried

Adelgund (e) *aus dem Althochdeutschen:* edel und Kampf

Adelheid (e) *aus dem Alhochdeutschen:* edel und Art

Adelhild (e) *aus dem Althochdeutschen:* edel und Kampf

Adeline (a) Nebenform von Adele

Adelinde *aus dem Althochdeutschen:* edel und sanft, mild oder Schild

Adelmut (e) *aus dem Althochdeutschen:* edel und Geist, Sinn

Adelrune *aus dem Althochdeutschen:* edel und Zauber

Adeltraud *aus dem Althochdeutschen:* edel und Stärke

Adina *hebräisch:* weich, erweiterte Form von Ada

Adna Nebenform von Edna

Adriane (a) *lateinisch:* aus der Stadt Adria

Adrienne englische und französische Form von Adriane

Afra *lateinisch:* die Afrikanerin

Agascha russische Kurzform von Agathe

Agathe (a) *griechisch:* die Gute

Agda schwedische Form von Agathe

Aggy auch Aggie; englische Kurz- und Koseform von Agathe

Agi Kurz- und Koseform von Agnes

Aglaia *griechisch:* Glanz, Schönheit, Pracht

Agnes *griechisch:* die Reine, Keusche

Agnete (a) auch Agnite, Agnese; erweiterte Formen von Agnes

Aida *arabisch-italienisch;* Bedeutung ungeklärt
Aila finnische Form von Helga
Aileen englische Nebenform von Helene
Ailis irische Form von Alice
Ailke Kurzform von Adelheid
Aimée französische Form von Amata
Aischa (e) *türkisch:* Gemahlin des Propheten Mohammed
Aitana *spanisch:* nach einer Landschaft bei Alicante
Aja *italienisch:* Erzieherin
Alba *aus dem Lateinischen:* (weiße) Perle
Alberta auch Albertina; *aus dem Althochdeutschen:* edel und glänzend
Albina (e) *aus dem Althochdeutschen:* Elfe, Naturgeist; *lateinisch:* die Weiße
Alda auch Aldina; Kurzform von Vornamen, die mit »Adel-« zusammengesetzt sind
Aldona weibliche Form von Aldo
Aleida norddeutsche Kurzform von Adelheid
Aleke ostfriesische Kurzform von Adelheid
Aleksascha russische Kurzform von Alexandra
Alena (e) Kurzform von Magdalena
Alenica russische Koseform von Elena
Alenka südslawische und ungarische Koseform von Alena
Alessa Kurzform von Alessandra
Alessandra italienische Form von Alexandra
Aletta (e) friesische Kurz- und Koseform von Adelheid
Alexa Kurzform von Alexandra
Alexandra *griechisch:* die Helferin, Schützerin
Alexia Kurzform von Alexandra
Alfgard *aus dem Althochdeutschen:* Elfe, Naturgeist und Schutz
Alfrun *aus dem Althochdeutschen:* Elfe, Naturgeist und Zauber
Algisa Kurzform von Adelgisa; edel und Speer
Alheid auch Alheit; niederdeutsche Kurzform von Adelheid
Alice auch Alyce, Alicia; englische Kurzform von Elisabeth, Adelheid oder Alexandra
Alida Kurzform von Adelheid
Alinda Kurzform von Adelinde
Aline (a) *arabisch:* die Erhabene
Alisa Nebenform von Alice
Alison englische und französische Form von Alice
Alix Kurz- und Koseform von Alexandra
Alke auch Alkje; friesische Kurzform von Adelheid
Alma *lateinisch:* die Lebenspendende, Nährende
Almut auch Almod, Almoda, Almudis, Almuth, Almute; Kurzformen von Adelmut
Aloisia *germanisch:* die Weise
Alrun (a) auch Alraune; Kurzformen von Adelrune

Altje friesische, niederdeutsche und niederländische Koseform von Adelheid
Altraud Nebenform von Adeltraud
Alva *aus dem Lateinischen:* die Weiße
Alwine auch Elwine; *aus dem Mittelhochdeutschen:* edel und Freundin
Ama *baskisch:* die Mutter, die Mütterliche
Amabella *aus dem Lateinischen:* die Liebenswerte
Amadea auch Amedea; *lateinisch:* liebe die Göttin!
Amalia (e) Kurzform von Vornamen, die mit »Amal-« zusammengesetzt sind
Amalinde auch Amalindis; *aus dem althochdeutschen* »amal« = das ostgotische Geschlecht der Amaler betreffend und sanft, mild oder Schild
Amanda *lateinisch:* die Liebenswerte
Amarante *griechisch:* die nie Verwelkende
Amarilla auch Amaryllis, Blumenname
Amata *lateinisch:* die Geliebte
Amber englischer Vorname; *ursprünglich aus dem Arabischen:* Bernstein
Ambra italienischer Vorname; *ursprünglich aus dem Arabischen:* Bernstein
Ambrosia *griechisch:* die Unsterbliche, die Göttliche
Amelie französische Form von Amalia
Ameline Nebenform von Amalinde
Amöna *lateinisch:* die Anmutige
Amrei süddeutsche Kurz- und Koseform von Annemarie
Amy englische Kurz- und Koseform von Amata
Ana Kurzform von Anna
Anastasia *griechisch:* die Auferstandene
Andel alemannische Kurzform von Anna
Andra Kurzform von Alexandra
Andrea *griechisch;* weibliche Form von Andreas
Andreana auch Andrejana, Andrijana; slawische Formen von Andrea
Andrée französische Form von Andrea
Ange Kurzform von Angelika
Angela *griechisch-lateinisch:* Engel
Angeli Koseform von Angela
Angelia Weiterbildung von Angela
Angelika auch Angelica; *griechisch-lateinisch:* die Engelhafte
Angelina italienische erweiterte Form von Angela
Angélique französische Form von Angelika
Ania spanische Form von Anna
Aniela polnische Form von Angela
Anika (e) russische und bulgarische Koseformen von Anna

Aniska russische Koseform von Anna
Anita italienische und spanische Koseform von Anna
Anja russische Form von Anna
Anjuschka russische Koseform von Anna
Anjuta bulgarische Kurzform von Anna
Anka slawische und ungarische Kurz- und Koseform von Anna
Anke niederdeutsche Kurzform von Anna
Ann englische Form von Anna
Anna *hebräisch:* die Begnadete; auch als weibliche Form des alten deutschen männlichen Vornamens Anno
Annabella (e) auch Anabel; *lateinisch:* lieblich, liebreich
Anne auch Annie, Andel, Änne; Nebenformen von Anna
Annedore Zusammensetzung aus Anna und Dorothea
Annegret Zusammensetzung aus Anna und Margarethe
Anneheide Zusammensetzung aus Anna und Adelheid
Anneli (e) alemannische Kurzform von Anna
Annekatrin Zusammensetzung aus Anna und Katharina
Anneke niederdeutsche Koseform von Anna
Annele auch Anneli, Annerl; süddeutsche Koseformen von Anna
Anneliese Zusammensetzung aus Anna und Elisabeth
Annelore Zusammensetzung aus Anna und Eleonore
Annelotte Zusammensetzung aus Anna und Charlotte
Annemarie auch Annemarei, Annemie; Zusammensetzungen aus Anna und Marie
Annemie Koseform von Annemarie
Annerose Zusammensetzung aus Anna und Rosa
Annetraud (e) Zusammensetzung aus Anna und Gertraude
Annette französische Koseform von Anne, Anna
Annika schwedische Koseform von Anna
Annina erweiterte Form von Anna
Anouk auch Annouck, Anoucka; Kurzformen von Anuscha
Anselma weibliche Form von Anselm
Ansgard *germanisch:* Gott und Schutz
Antia romanische Kurzform von Antonia
Antje friesische Kurz- und Koseform von Anna
Antka polnische Kurzform von Antonia
Antoinette französische Koseform von Antonia
Antonella italienische Koseform von Antonia
Antonia (e) *lateinisch:* Name der altrömischen Familie Antonia
Antonietta italienische Verkleinerungsform von Antonia

Antonina slawische Form von Antonia

Anuscha slawische Koseform von Anna

Anuschka slawische Koseform von Anna

Apollonia *griechisch:* die dem Gott Apoll Geweihte

Arabella *wahrscheinlich lateinisch:* die Araberin

Ariadne *griechisch:* die Ehrwürdige

Ariane französische Form von Ariadne

Arietta *italienisch:* Liedchen

Arista *griechisch:* die Beste, Vornehmste

Arlene englischer Vorname; vielleicht irischer Herkunft

Arlette französischer Vorname normannischer Herkunft; vielleicht vom germanischen »hari« = Heer

Armanda italienische weibliche Form von Armand

Armande französische weibliche Form von Armand

Armgard Nebenform von Irmgard

Armida (e) italienische Form von Armanda

Arna Kurzform von Arnolde

Arnalde Nebenform von Arnolde

Arngard *aus dem Althochdeutschen:* Adler und Schutz

Arnolda (e) weibliche Form von Arnold

Arntraud *aus dem Althochdeutschen:* Adler und Kraft

Asja auch Assja, russische Koseformen von Anna oder Anastasia

Aspasia *griechisch:* die Willkommene, die Liebliche

Assunta *italienisch:* die in den Himmel Aufgenommene

Asta Kurzform von Anastasia, Astrid oder Augusta

Astrid *skandinavisch:* die Reiterin der Götter

Athalia *hebräisch:* stark, erhaben ist Gott

Athanasia *griechisch:* die Unsterbliche

Aud (a) *aus dem Isländischen:* reich; auch französischer Vorname

Audrey englischer Vorname; entspricht dem deutschen Adeltraud

Augusta (e) *lateinisch:* die Erhabene, Erlauchte

Augustine weibliche Form von August

Aura rumänische Kurzform von Aurelia

Aurelia *lateinisch:* die Goldene, die Schöne

Aurica rumänische Form von Aura

Aurora *lateinisch:* Morgenröte

Austine Nebenform von Augustine

Auxilia *aus dem Lateinischen:* Hilfe, Beistand, Schutz

Ava Bedeutung ungeklärt; vielleicht *aus dem altsächsischen* »oval« = Kraft

Axinja vermutlich russische Nebenform von Xenia

Bb

Babette auch Babett; französische Kurzformen von Barbara oder Elisabeth
Babichon französische Koseform von Barbara
Babro Kurzform von Barbara
Balbina auch Balbine, *aus dem Lateinischen:* die Stammlerin
Baltrun *aus dem Althochdeutschen:* kühn und Zauber
Barbara *griechisch:* die Fremde, die Barbarin
Barbe (i) Kurz- und Koseform von Barbara
Bärbel Kurz- und Koseform von Barbara
Barbey französische Form von Barbara
Barbro schwedische Form von Barbara
Barendina Nebenform von Berendina
Bastienne französische weibliche Kurzform von Sebastian; *griechisch:* die Ehrwürdige
Bea Kurzform von Beate, Beatrice
Beate (a) *lateinisch:* die Glückliche
Beatrix auch Beatrice; *lateinisch:* die Beglückende
Beke niederdeutsche Kurz- und Koseform von Elisabeth
Bele Kurzform von Berta, Gabriele, Elisabeth
Belina Nebenform von Belinda
Belinda englischer Vorname, Herkunft und Bedeutung ungeklärt
Bella *italienisch und spanisch:* die Schöne; Kurzform von Isabella, Arabella, Sibylla
Bendine Koseform von Bernhardine
Benedetta italienische Form von Benedikta
Benedikta *lateinisch:* die Gesegnete
Benigna *lateinisch:* die Gütige
Benita spanische Form von Benedikta
Bent(j)e friesische und niederdeutsche Kurz- und Koseform von Benedikta
Beppa Kurz- und Koseform von Josephine
Berbe Koseform von Barbara
Berendina (e) niederdeutsche Kurzform von Bernhardine
Berenike auch Berenice; *griechisch:* die Siegbringerin
Bergit Nebenform von Birgit
Berit dänisch-schwedische Nebenform von Birgit
Berlinde *aus dem Althochdeutschen:* Bär und sanft, mild oder Schild
Bernadette französische Koseform von Bernarde
Bernarda (e) romanische Form von Bernharda
Berngard *aus dem Althochdeutschen:* Bär und Schutz

Bernharda (e) weibliche Form von Bernhard
Bernhardine weibliche Form von Bernhard
Berta (e) auch Bertha; die Glänzende, Hehre; auch Kurzform von Alberta
Bertel Koseform von Berta; auch als männlicher Vorname!
Bertgunde *aus dem Althochdeutschen:* glänzend und Kampf
Berthild (e) *aus dem Althochdeutschen:* glänzend und Kampf
Bertina (e) Kurzform von Albertina
Bertlinde auch Bertlindis; *aus dem Althochdeutschen:* glänzend und sanft, mild
Bertraude *aus dem Althochdeutschen:* glänzend und Stärke
Bertrude Nebenform von Bertraude
Bertrun *aus dem Althochdeutschen:* glänzend und Zauber
Beryl englischer Vorname; eine Edelsteinart
Beryll deutsche Form von Beryl
Bess auch Bessy, Betsy; englische Kurz- und Koseformen von Elisabeth
Bethina Nebenform von Bettina
Betti (y) Kurz- und Koseform von Elisabeth
Bettina (e) Kurzform von Elisabeth
Bianka auch Bianca; *italienisch:* die Weiße
Biankamaria Zusammensetzung aus Bianka und Maria
Bibiana *lateinisch:* die Lebensvolle
Biddy Koseform von Brigitte
Biggi oberdeutsche Koseform von Brigitte
Bilhild *aus dem Althochdeutschen:* Schwert und Kampf
Bilke niederdeutsche Kurzform von Sibylle
Bill Koseform von Sibylle; auch als männlicher Vorname!
Billa (e) Kurz- und Koseform von Elisabeth, Sibylle
Bine (a) Kurzform von Sabine, Sabina
Bionda *italienisch:* die Blonde
Birga Nebenform zu Birgit
Birgit auch Birgitta, nordische Form von Brigitte
Birke (a) neuerer deutscher Vorname nach dem Baumnamen
Birte skandinavische Kurzform von Birgit
Blanche *französisch:* die Weiße
Blanchette Verkleinerungsform von Blanche
Blanda auch Blandina; *lateinisch:* die Schmeichelnde, die Freundin
Blanka *spanisch:* die Weiße
Blonda Nebenform zu Bionda
Bogdana *slawisch:* Gottesgeschenk
Bona *lateinisch:* die Gute
Bonifatia *lateinisch:* die gutes Geschick Verheißende
Bonita *aus dem Spanischen:* die Schöne
Bozena *tschechisch:* Gottesgeschenk

Branca portugiesische Form von Blanka
Branda weibliche Form von Brand
Branka *slawisch:* Ruhm, Ehre
Brenda englische Form von Branda
Brid auch Bride, Briddy; Kurz- und Koseformen von Brigitte
Bridget englische Form von Brigitte
Briga auch Brigga; Kurzformen von Brigitte
Brigitte (a) *altirisch:* die Tugendhafte, die Erhabene
Britta auch Brit, Britt; Kurzformen von Birgit, Brigitta
Brunhild (e) *aus dem Althochdeutschen:* Panzer und Kampf
Bruni (a) Kurz- und Koseform von Brundhild
Bruntje friesische Kurz- und Koseform von Brunhilde
Burga auch Burgel; Kurzformen von Vornamen, die mit »Burg-« oder »-burg« zusammengesetzt sind
Burghild (e) *aus dem Althochdeutschen:* Schutz und Kampf

C

Cäcilie (a) *lateinisch:* aus dem römischen Geschlecht der Caecilier
Caja dänische und schwedische Form von Kai
Calla schwedische Kurzform von Karoline
Camilla auch Kamilla; *lateinisch:* die Ehrbare
Candida auch Kandida; *lateinisch:* die Glänzende, Reine, Lautere
Candie auch Candy; englische Koseform von Candida
Caprice *französisch:* die Laune, der Einfall
Cara *lateinisch:* lieb, wert
Carda Kurzform von Richarda
Caren auch Karen; dänische und schwedische Formen von Karin
Carin Nebenform von Karin
Carina auch Karina; *italienisch:* die Hübsche
Carissima auch Carisma, Charisma; *lateinisch:* die Allerliebste
Caritas *lateinisch:* Nächstenliebe, Wohltätigkeit
Carla lateinische Form von Karla
Carlotta auch Carlota; italienische Form von Charlotte
Carmela spanische Nebenform von Carmen
Carmelia erweiterte Form von Carmen

Carmen *spanisch:* »Jungfrau Maria vom Berge Carmel«
Carmina (e) erweitere Form von Carmen
Carol englische Kurzform von Caroline; auch als männlicher Vorname!
Carola auch Karola; erweiterte Formen von Carla, Karla
Caroline auch Carolin, Karoline, Karolin; erweiterte Formen von Carola, Karola
Carolyn englische Form von Caroline
Carry auch Carrie; englische Kurz- und Koseformen von Carola, Caroline
Carsta Nebenform von Karsta
Cassandra Nebenform von Kassandra
Catalina spanische Form von Katharina
Catarina Nebenform zu Katharina
Caterina italienische Form von Katharina
Cathérine französische Form von Katharina
Cathleen auch Kathleen; irische Formen von Katharina
Catia auch Cathia; romanische Formen von Käthe
Cécile französische Form von Cäcilie
Cecily englische Form von Cäcilie
Celestina italienische Form von Cölestina
Célestine französische Form von Cölestina
Celia Kurzform von Cäcilie
Celina erweiterte Form von Celia oder Kurzform von Marceline
Céline französische Form von Cäcilie oder von Marceline
Cella auch Zella; Kurz- und Koseformen von Marcella
Centa weibliche Kurzform zu Vincent; *lateinisch:* der Sieger
Chantal *französisch:* die Singende
Charlotta schwedische Form von Charlotte
Charlotte *französisch:* weibliche Form von Charles, Karl
Charmaine *französisch:* die Charmante
Chiara italienische Form von Klara
Chiarella italienische Koseform von Klara
Chilja russische Koseform von Rachil
Chloe *griechisch:* junges Grün, junger Baum
Chlorinde erweiterte Form von Chloe und Chloris
Chloris erweiterte Form von Chloe
Chris auch Chrissy; Kurz- und Koseformen von Christiane; Chris auch als männlicher Vorname!
Christa Kurzform von Christiane
Christamaria Zusammensetzung aus Christa und Maria
Christel süddeutsche Koseform von Christiane
Christiane (a) *griechisch-lateinisch:* Christi Anhängerin

Christine (a) Nebenform von Christiane
Christophine weibliche Form von Christoph
Christophora weibliche Form von Christophorus
Cibilla Nebenform zu Sibylle
Cicely englische Form von Cäcilie
Cilla auch Cilli, Cilia, Cilly, Zilli; Kurz- und Koseformen von Cäcilie
Cinderella *französisch, englisch:* Aschenputtel
Cindy englische Kurzform von Cinderella
Cirilla weibliche ungarische Form von Cyrill
Cissi auch Cissy, Dissy, Zissi; Kurz- und Koseformen von Franziska und Cecily
Cita auch Zita; *italienisch:* die Hurtige
Claartje niederländisch-friesische Form von Klara
Claire französische und englische Form von Klara
Clara auch Klara; *lateinisch:* die Helle, Glänzende
Clare englische Form von Klara
Clarissa (e) auch Klarissa; erweiterte Formen von Klara, Clara
Clarita spanische Koseform von Klara
Claude französische Form von Claudia; auch als männlicher Vorname!
Claudette französische Verkleinerungsform von Claude
Claudia auch Klaudia; römischer Sippenname;eigentlich: die Hinkende
Claudine französische Form von Claudia
Claudinette französische erweiterte Form von Claudine
Clementia auch Klementia; *lateinisch:* Gnade, Mildtätigkeit
Clementine (a) auch Klementine; erweiterte Formen von Clementia
Clio auch Klio; *griechisch:* die Rühmerin
Clivia *lateinisch;* Amaryllisgewächs
Clothilde auch Klothilde; *aus dem Althochdeutschen:* berühmt und Kampf
Cölestina (e) *lateinisch:* die Himmlische
Coletta (e) Kurz- und Koseform von Nicoletta
Columba auch Columbina, Kolomba; *lateinisch:* die Taube
Concordia *lateinisch:* Eintracht
Conni auch Connie, Conny; Koseformen von Cornelia, Constanze; auch als männlicher Vorname!
Consilia *aus dem Lateinischen:* Ratgeberin
Constanca italienische Form von Konstanze
Constance englische und französische Form von Konstanze
Constanze Nebenform von Konstanze; *lateinisch:* die Beständige
Cora Nebenform von Kora
Coralie *niederländisch:* die Perle
Cordelia auch Kordelia; Nebenformen von Cordula

Cordula auch Kordula; *lateinisch:* Herzchen

Coretta (e) erweiterte Formen von Cora

Corina spanische, italienische und portugiesische Form von Corinna

Corinna auch Korinna; *griechisch:* Jungfrau, Mädchen

Corinne französische Form von Corinna

Cornelia auch Kornelia; römischer Sippenname

Cornell englische Form von Cornelia

Corny englische Kurz- und Koseform von Cornelia

Corona auch Korona; *lateinisch:* der Kranz, die Krone

Cosima auch Kosima; italienischer Vorname griechischer Herkunft: die Sittsame, Ordnungsliebende

Costanza italienische Form von Konstanze

Cristina italienische Form von Christine

Cynthia *griechisch-lateinisch:* das Mädchen vom Berge Kynthos

Dd

Daggi (e) Koseform von Dagmar

Dagmar *dänisch:* die durch den Tag Berühmte

Dagny *nordisch:* neuer Tag

Daisy *englisch:* Maßliebchen, Gänseblümchen; auch Kurzform von Margarethe

Dalila Nebenform von Delila

Dana auch Dania, Danja; Kurzformen von Daniela

Danela Nebenform von Daniela

Daniela *hebräisch:* Gott ist mein Richter

Daniella italienische Form von Daniela

Danielle französische Form von Daniela

Danja slawische Koseform von Daniela

Danjana erweiterte Form von Danja

Danuta polnische Form von Daniela

Dany auch Danny; französische Kurzformen von Daniela; auch als männlicher Vorname!

Daphne auch Dafne; *griechisch:* Lorbeer

Daria *lateinisch:* die Mächtige, die Besitzerin, Schützerin

Darja russische Form von Daria

Davida weibliche Form von David

Davide niederländische Form von Davida; auch als männlicher Vorname!

Davina englische Nebenform von Davida

Dawn *englisch:* Tagesanbruch, Morgendämmerung

Deba Kurzform von Debora

Debora (h) *hebräisch:* die Biene, die Fleißige

Debra englische Kurzform von Debora

Deike norddeutsche Kurzform von Vornamen, die mit »Diet-« zusammengesetzt sind

Dela Kurzform von Adele

Delia *griechisch:* das Mädchen von der Insel Delos

Delila (h) *hebräisch:* die Schmachtende

Denise französischer Vorname *aus dem Griechisch-Lateinischen:* dem Gott Dionysos geweiht

Desideria *lateinisch:* die Ersehnte

Désirée französische Form von Desideria

Diana (e) *lateinisch:* Name der römischen Göttin der Jagd

Dido *griechisch, ursprünglich phönizisch:* Mondgöttin

Dieta auch Deta, Didda, Dietke, Dita; Kurzformen von Vornamen, die mit »Diet-« zusammengesetzt sind

Dietberga *aus dem Altochdeutschen:* Volk und Schutz

Dietbirg Nebenform von Dietberga

Dietburga Nebenform von Dietberga

Diethild (e) *aus dem Althochdeutschen:* Volk und Kampf

Dietlind (e) *aus dem Althochdeutschen:* Volk und sanft, mild oder Schild

Dilia Kurz- und Koseform von Odilia

Dina (h) Kurz- und Koseform von Namen, die mit »-dina«, »-dine«, »-tina« oder »-tine« zusammengesetzt sind; oder *hebräisch:* die Richterin

Ditte dänische Kurzform von Edith und Dorothea

Dodo Koseform von Dorothea

Dolly englische Kurzform von Dorothy, Dorothea

Dolores spanischer Vorname lateinischer Herkunft: die Schmerzensreiche

Domenica italienische Form von Dominika

Dominika *lateinisch:* Gott geweiht

Dominique französische Form von Dominikia; auch als männlicher Vorname!

Domka auch Domna; slawische Formen von Dominika

Donate (e) *lateinisch:* die von Gott Geschenkte

Donka russische Form von Dominika

Doortje niederdeutsche und niederländische Koseform von Dorothea

Dora (e) Kurzform von Dorothea, Theodora

Doreen englische Kurz- und Koseform von Dorothea, Dorothy

Dorel oberdeutsche Koseform von Dora

Dorett (e) französische Kurz- und Koseform von Dorothea, Dorothée

Doriet Nebenform von Dorit

Dorina erweiterte Form von Dora

Doris auch Dorke, Dorle, Doro; Kurz- und Koseformen von Dorothea

Dorit (a) auch Dorrit; Kurzformen von Dorothea

Dorothea *griechisch:* Geschenk Gottes

Dorothée französische Form von Dorothea

Dorothy englische Form von Dorothea

Dorte auch Dörte, Dortje, Dürte; norddeutsche Kurz- und Koseformen von Dorothea

Dory englische Koseform von Dorothea

Dunja slawische Kurzform von Eudokia

Ee

Ebba Kurz- und Koseform von Vornamen, die mit »Eber-« zusammengesetzt sind

Edda auch Eda, Kurzformen von Vornamen, die mit »Ed-« zusammengesetzt sind

Edelburga *aus dem Althochdeutschen:* edel und Schutz

Edelgard (t) auch Adalgard; *aus dem Althochdeutschen:* edel und Schutz

Edelinde Nebenform von Adelinde

Edeltraud (t) auch Edeltrud; *aus dem Althochdeutschen:* edel und Stärke

Edina ungarischer Vorname, Bedeutung ungeklärt; wahrscheinlich nach Edwardina

Edith (a) *aus dem Englischen:* Kämpferin für den angestammten Besitz

Edla schwedische Kurzform von Vornamen, die mit »Edel-« zusammengesetzt sind

Edna *hebräisch:* die Angenehme

Edvige italienische Form von Hedwig

Edwardina (e) weibliche Form von Edward

Effi Kurz- und Koseform von Elfriede

Ehmi Koseform von Ehm, einer niederdeutschen Kurzform von Vornamen, die mit »Egin-« zusammengesetzt sind

Ehrentraud (t) auch Erntrud, Erentrude; *aus dem Niederdeutschen:* Adler und Kraft, Stärke

Eike niederdeutsche Kurzform von Vornamen, die mit »Adel-«, »Edel-«, »Eg-« oder »Eck-« zusammengesetzt sind; auch als männlicher Vorname!

Eikea Nebenform von Eike

Eileen englische Nebenform von Helene oder Evelyn

Eiltraud *aus dem Althochdeutschen:* Schwert und Stärke

Eina schwedische weibliche Form von Einar

Eka Kurzform von Vornamen, die mit »Eg-« oder »Eck-« zusammengesetzt sind

Ela Kurz- und Koseform von Elisabeth

Elektra *griechisch:* die Strahlende

Elena italienische und spanische Form von Helene

Eleonor (a, e) *arabisch:* Gott ist mein Licht

Elfi (e) Kurzform von Vornamen, die mit »Elf-« zusammengesetzt sind

Elfriede (a) *aus dem Althochdeutschen:* edel oder Elfe und Friede

Elga Nebenform von Helga

Elgard Nebenform von Edelgard

Eliane französischer Vorname; *hebräisch:* Jahwe ist mein Gott

Eliette französische weibliche Koseform von Elia; *hebräisch:* Jahwe ist mein Gott

Elin (a) dänische und schwedische Form von Helene

Elisa (e) Kurzform von Elisabeth

Elisabeth *hebräisch:* Gott ist mein Eid

Elisabetta italienische Form von Elisabeth

Elizaveta russische Form von Elisabeth

Elke (a) friesisch-niederdeutsche Kurz- und Koseform von Adelheid

Ella (i, y) Kurz- und Koseform von Elisabeth, Eleonore, Elvira, Elfriede

Ellen Kurzform von Helene, Eleonore

Ellinor englische Form von Eleonore

Elma Nebenform von Alma und Kurzform von Wilhelmine

Elmira spanischer Name arabischer Herkunft: die Fürstin

Elna Kurzform von Elin(a)

Elsa auch Else, Elseke, Elsi, Elsie; Kurz- und Koseformen von Elisabeth

Elsbeth Kurzform von Elisabeth

Elsike niederdeutsche Koseform von Elisabeth

Elskea friesische und niederdeutsche Koseform von Elisabeth

Elvira spanischer Vorname gotischer Herkunft: die den Besitz Bewahrende

Elzbieta polnische Form von Elisabeth

Emanuela *hebräisch:* Gott mit uns

Emerald englische Form von Esmeralda

Emi Koseform von Emma oder Emilia

Emilia (e) *lateinisch:* aus dem Geschlecht der Aemilier, die Eifrige

Emily englische Form von Emilia

Emma Kurzform von Vornamen, die mit »Erm- oder Irm-« zusammengesetzt sind

Emmeline neuere Form von Ameline

Emmy (i) Koseform von Emma

Ena Kurzform von Helena

Enke friesische Kurzform von Vornamen, die mit »Ein-« zusammengesetzt sind

Enrica italienische weibliche Form von Enrico

Eos *griechisch:* die Morgenröte

Erda Name der germanischen Erdgöttin

Erika *aus dem Nordischen:* die nach Gesetz und Recht Herrschende; auch nach dem Heidekraut gedeutet

Erla Kurz- und Koseform von Vornamen, die mit »Erl-« zusammengesetzt sind

Erna (e, i) Kurzform von Ernesta, Ernestine; Erni auch als männlicher Vorname!

Ernesta weibliche Form von Ernst

Ernestine erweiterte Form von Ernesta

Erwine *aus dem Althochdeutschen:* Heer und Freund

Esmeralda *spanisch:* Smaragd, Edelstein

Estella (e) spanische und französische Form von Stella

Esther *hebräisch:* junge Frau oder Myrte

Estrella spanische Form von Stella

Estrid nordische Nebenform von Astrid

Ethel englische Kurzform von Vornamen, die mit »Edel-« zusammengesetzt sind

Etta Nebenform von Edda oder Kurzform von Henrietta, Marietta

Eudokia *griechisch:* die Geachtete, Hochgeschätzte

Eugenie (a) *griechisch:* die Wohlgeborene

Eulalia (e) *griechisch:* die Wohlredende, Beredte

Eusebia weibliche Form von Eusebius

Eustachia weibliche Form von Eustachius

Ev Kurzform von Eva

Eva (e, i) *hebräisch:* Leben, die Lebenspendende

Evamaria Zusammensetzung aus Eva und Maria

Eveke Koseform von Eva

Evelyn auch Eveline; englischer Vorname; erweiterte Form von Ava oder Eva

Evita spanische Koseform von Eva

Ff

Fabia *lateinisch:* römischer Sippenname = die Bohnenzüchterin

Fabiane erweiterte Form von Fabia

Fabienne französische Form von Fabiane

Fabiola erweiterte Form von Fabia

Fanchon französische erweiterte Form von Fanny

Fanni auch Fan, Fanny; Kurzformen von Stephanie und Franziska

Farah *arabisch:* die Freude, die Lustbarkeit

Fatima (e) *arabisch:* Name der jüngsten Tochter Mohammeds

Fausta auch Faustina, Faustine; *lateinisch:* die Glückliche

Fee Kurz- und Koseform von Felizitas

Federica weibliche Form von Federico

Fei Koseform von Sofia

Felicity englische Form von Felizitas

Felipa spanische Form von Philippa

Felizia auch Felicia; *lateinisch:* die Glückliche

Felizitas auch Felicitas; *lateinisch:* das Glück

Fenja niederdeutsch-friesische Kurzform von Vornamen, die mit »Frede-« zusammengesetzt sind

Fenna (e) niederdeutsch-friesische und niederländische Kurz-und Koseform von Vornamen, die mit »Frede-« zusammengesetzt sind

Fenneke Koseform von Fenna

Feodora russische Form von Theodora

Feodosia weibliche Form von Feodosi

Ferdinande (a) *germanisch:* die kühne Beschützerin

Fernanda (e) Nebenform von Ferdinanda

Fia Kurzform von Sofia

Fidelia *lateinisch:* die Treue

Fides *lateinisch:* der Glaube

Fieke niederdeutsche Koseform von Sofia

Fifi Koseform von Friederike

Filippa italienische Form von Philippa

Filo italienische Kurzform von Philomena

Fine (a) auch Fiene, Finni; Kurzformen von Josefine, Seraphine

Finette erweiterte Form von Fine

Fiona *vermutlich gälisch:* schön, weiß

Fiora italienische Form von Flora

Fioretta italienische Nebenform von Floretta

Fita Kurzform von Friederike oder Josefa

Flavia *lateinisch:* die Blonde

Fleur französische Form von Flora

Fleuretta französische Form von Floretta

Flora *lateinisch:* die Blume, die Blüte

Florentine (a) *lateinisch:* die Blühende

Florenze auch Florence; *lateinisch:* die Blühende

Floretta (e) Verkleinerung von Flora

Floria Nebenform von Flora

Floriane *lateinisch:* die Blühende

Fokka friesische weibliche Kurzform von Vornamen, die mit »Volk-« zusammengesetzt sind

Fortuna *lateinisch:* Name der römischen Schutz- und Glücksgöttin

Fortunata *lateinisch:* die Gesegnete, die Glückliche

Frances englische Form von Franziska

Francesca italienische Form von Franziska

Françoise französische Form von Franziska

Franeka slawische Koseform von Franziska

Franka weibliche Form von Frank

Franziska *lateinisch:* die Freie, die aus Franken Stammende

Frauke niederdeutsch-friesische Kurzform von Veronika; Koseform von Frau, Herrin

Fraukeline erweiterte Form von Frauke

Freda Kurzform von Vornamen, die mit »Fried-« oder »-fried« zusammengesetzt sind

Frédérique französische Form von Friederike

Freia auch Freya; *altnordisch:* Herrin, die Freie; Name der germanischen Göttin der Ehe und Fruchtbarkeit

Fricka auch Frika; Kurzformen von Friederike

Fridoline weibliche Form von Fridolin

Frieda (e) auch Frida; Kurzformen von Vornamen, die mit »Fried-« oder »-friede« zusammengesetzt sind

Friedburg *aus dem Althochdeutschen:* Friede und Schutz

Friedel Koseform von Frieda und Elfriede; auch als männlicher Vorname!

Friederike (a) weibliche Form von Friedrich

Friedlinde *aus dem Althochdeutschen:* Friede und sanft, mild oder Schild

Friedrun *aus dem Althochdeutschen:* Friede und Zauber

Frigga niederdeutsche Kurzform von Friederike; *auch altnordisch:* die Gattin, die Geliebte

Fritzi auch Frizzi; Kurz- und Koseform von Friederike

Frolinde auch Frodelinde; *aus dem Althochdeutschen:* verständig, klug und sanft, mild

Fronika Koseform von Veronika

Gg

Gabi (y) Kurz- und Koseform von Gabriele
Gabriela portugiesische und spanische Form von Gabriele
Gabriele weibliche Form von Gabriel; auch als männlicher Vorname!
Gabriella italienische und ungarische Form von Gabriele
Gabrielle französische Form von Gabriele
Garda (e) friesische Form von Gerda
Gardi Nebenform von Garda
Gawrila russische Form von Gabriele
Gea *griechisch:* die Erde
Geb(b)a friesische Kurz- und Koseform von Gebharde
Gebharde weibliche Form von Gebhard
Geelke niederdeutsche Koseform von Gela
Geerta niederländische Form von Gerda
Geeske niederdeutsch-friesische Koseform von Gesa
Gela auch Geelke, Gele; Kurz- und Koseformen von Gertrud, Angela
Geli Kurz- und Koseform von Angelika
Gelja russische Kurz- und Koseform von Angelika
Gemma *lateinisch:* Edelstein
Geneviève französische Form von Genoveva
Genia Kurz- und Koseform von Eugenia
Genoveva auch Genovefa; ursprünglich gälischer Vorname: Volk und Frau
Georgette französische Form von Georgia
Georgia auch Georgine; *griechisch:* die Bäuerin, die Landfrau
Gera Kurzform von Vornamen, die mit »Ger-« zusammengesetzt sind
Geralde *aus dem Althochdeutschen:* Speer und walten
Geraldine erweiterte Form von Geralde
Gerarda Nebenform von Gerharde
Gerburg *aus dem Althochdeutschen:* Speer und Schutz
Gerda *nordisch:* die Schützerin, Hüterin; auch Kurzform von Gertrud
Gerde (i) Nebenform von Gerda
Gerharde (a) weibliche Form von Gerhard
Gerhardine erweiterte Form von Gerharde
Gerhild (e) *aus dem Althochdeutschen:* Speer und Kampf
Gerke niederdeutsche Kurz- und Koseform von Gertrud
Gerlind (e) *aus dem Althochdeutschen:* Speer und sanft, mild oder Schild
Germaine französischer Vorname lateinischer Herkunft: die Germanin

Gerrit auch Gerit; friesische Kurzform von Gerharde; auch als männlicher Vorname!
Gerta (i) Nebenform von Gerda
Gertrud auch Gertraud, Gertrude, Gertrudis; *aus dem Althochdeutschen:* Speer und Stärke
Gerty Kurzform von Gertrud
Gerwine *aus dem Althochdeutschen:* Speer und Freundin
Gesa (e) niederdeutsch-friesische Kurzform von Gertrud und anderen Vornamen, die mit »Ger-« zusammengesetzt sind
Gesche niederdeutsch-friesische Kurzform von Gertrud
Gesine (a) erweiterte Form von Gesa
Gianna italienische Kurzform von Johanna
Gila Kurzform von Gisela; *auch hebräisch:* Freude, Glück
Gilberte weibliche Form von Gilbert
Gilda auch Gilta; italienische Kurzformen von Hilde
Gilla schwedische Kurzform von Gisela
Gillian englische Form von Juliane; auch als männlicher Vorname!
Gina (e) Kurz- und Koseform von Regina
Ginette französische Koseform von Geneviève
Gioconda *lateinisch:* die Angenehme
Giovanna italienische Form von Johanna
Gisa Kurzform von Vornamen, die mit »Gis-« zusammengesetzt sind
Gisela *germanisch:* Spross; oder *aus dem Althochdeutschen:* Geisel, aus edlem Geschlecht
Giseltraud *germanisch:* Spross und Stärke
Gislind (e) *germanisch:* Spross und *aus dem Althochdeutschen:* sanft, mild oder Schild
Gismara weibliche Form von Gismar
Gistraud Nebenform von Giseltraud
Gistrud Nebenform von Giseltraud
Gitta (e) Kurz- und Koseform von Brigitta, Brigitte, Birgitta
Gladys englischer Vorname irischer Herkunft; vielleicht von Claudia
Gloria *lateinisch:* Ruhm, Ehre
Golda *jiddisch:* die Goldene
Gosta Kurzform von Augusta
Gottfriede weibliche Form von Gottfried
Grace englische Form von Gratia
Grada Kurzform von Gerharda
Gratia auch Gracia, Grazia; *lateinisch:* die Anmutige, die Graziöse
Graziella italienische erweiterte Form von Gratia
Greet auch Greetje; niederdeutsche Kurz- und Koseformen von Margarethe
Greta schwedische Kurzform von Margarete

Grete auch Grethe, Gretel, Gretchen, Gretje, Grit, Griet, Gritt, Grita; Kurzformen von Margarete
Griselda (e) italienischer Vorname, Bedeutung ungeklärt
Grit auch Gritt, Gritta; Kurz- und Koseform von Margarete
Grusche Nebenform von Grete
Guda Kurzform von Gudrun
Gudrun (e) *aus dem Althochdeutschen:* Gott und Geheimnis, Zauber
Gudula erweiterte Form von Guda
Gun skandinavische Kurzform von Vornamen, die mit »Gun-« zusammengesetzt sind
Gunda (e) Kurzformen von Vornamen, die mit »Gund-« oder »-gund« zusammengesetzt sind
Gundalena Zusammensetzung aus Gunda und Lena, einer Kurzform von Magdalena
Gundine erweiterte Form von Gunda
Gundula auch Gundela; erweiterte Formen von Gunda
Gunhild auch Gunthild, Gundehild; *aus dem Althochdeutschen:* Kampf und Kampf
Gurli *persisch:* die Rose
Gussy englische Kurz- und Koseform von Augusta
Gustava weibliche Form von Gustav
Guste (i, l) Kurzformen von Auguste; Gusti und Gustl auch als männliche Vornamen!
Gwen (da) Kurz- und Koseform von Gwendolin
Gwendolin auch Gwendolyn; englischer Vorname keltischer Herkunft; Bedeutung ungeklärt

Hh

Hadmut (e) *aus dem Althochdeutschen:* Kampf und Geist, Sinn
Hadumod ältere Form von Hadmut
Haduwig Nebenform zu Hadwig
Hadwig ältere Form von Hedwig
Hadwine weibliche Form von Hadwin
Hagar *hebräisch:* die Fremde
Halina polnische Form von Helene
Halinka Koseform von Halina
Halka Kurzform von Halina
Hanja slawische Koseform von Johanna
Hanka slawische Verkleinerungsform von Johanna
Hanke friesische Kurzform von Johanna; auch als männlicher Vorname!
Hanna auch Hanne, Hanni, Hannele; Kurzformen von Johanna

Hannah *hebräisch:* die Anmutige, die Begnadete
Hannaliese Nebenform von Hanneliese
Hannedore Zusammensetzung aus Hanna und Dora
Hannegret Zusammensetzung aus Hanna und Grete
Hannelene Zusammensetzung aus Hanna und Lene
Hanneliese Zusammensetzung aus Hanna und Liese
Hannelore Zusammensetzung aus Hanna und Lore
Hannelotte Zusammensetzung aus Hanna und Lotte
Hannemarie Zusammensetzung aus Hanna und Marie
Hannerose Zusammensetzung aus Hanna und Rosa
Hansi Kurz- und Koseform von Johanna, Hanna; auch als männlicher Vorname!
Hansine weibliche Form von Hans
Haralda weibliche Form von Harald
Hardi Koseform von Bernhardine; auch als männlicher Vorname
Harmke friesische Form von Hermanna
Harriet englische Kurzform von Henriette
Hattie auch Hatty, Hetty; Kurzformen von Henriette
Hauk (e) friesische Kurzform von Vornamen, die mit »Hug-« zusammengesetzt sind; auch als männlicher Vorname!
Hazel alte Kurzform von Hedwig; auch als englischer Vorname
Hedda (y) Kurz- und Koseformen von Hedwig
Hede (a, y, i) Kurz- und Koseformen von Hedwig
Hedwig auch Hadwig; *aus dem Althochdeutschen:* Streit und Kampf
Heide (a) Kurzform von Adelheid
Heidegret Zusammensetzung aus Heide und Grete
Heidelinde Zusammensetzung aus Heide und Linda
Heidelore Zusammensetzung aus Heide und Lore
Heidelotte Zusammensetzung aus Heide und Lotte
Heidemarie (a) Zusammensetzung aus Heide und Marie
Heiderose Zusammensetzung aus Heide und Rosa
Heidewig *aus dem Althochdeutschen:* Ehre und Kampf
Heidi Kurz- und Koseform von Adelheid
Heidrun *aus dem Althochdeutschen:* Wesen, Gestalt und Zauber
Heidwig Nebenform von Heidewig
Heike auch Haike, niederdeutsch-friesische Kurzformen von Heinrike
Heila (e) Kurzformen von Vornamen, die mit »Heil-« zusammengesetzt sind
Heilburg *aus dem Althochdeutschen:* gesund und Schutz
Heilka (e) ostfriesische Kurzform von Vornamen, die mit »Heil-« zusammengesetzt sind

Heiltraud *aus dem Althochdeutschen:* gesund und Stärke
Heilwig *aus dem Althochdeutschen:* heil, gesund und Kampf; auch als männlicher Vorname!
Heima Kurzform von Vornamen, die mit »Heim-« zusammengesetzt sind
Heimke ostfriesische Kurzform von Vornamen, die mit »Heim-« zusammengesetzt sind
Heimtraud *aus dem Althochdeutschen:* Heim und sicher, Stärke
Heinke niederdeutsche Kurzform von Heinrike; auch als männlicher Vorname!
Heinriette Nebenform von Henriette
Heinrike Nebenform von Henrike
Hela (e) Nebenform von Hella
Helen englische Form von Helene
Helene (a) *griechisch:* die Leuchtende, die Strahlende
Helga *nordisch:* gesund, heil, unversehrt
Helgamaria Zusammensetzung aus Helga und Maria
Helge Nebenform von Helga; auch als männlicher Vorname!
Helgemarie Nebenform von Helgamaria
Heli Kurzform von Helene
Heliane Koseform von Helene
Helke niederdeutsche Kurzform von Vornamen, die mit »Hel-«, »Heli-«, »Heil-« oder »Hil-« zusammengesetzt sind; auch als männlicher Vorname!
Hella auch Hela; Kurz- und Koseformen von Helene und Helga
Helleborg auch Hellburg; niederdeutsche Formen von Hildburg, Heilburg
Helma auch Hilma; Kurzformen von Vornamen, die mit »Helm-« zusammengesetzt sind
Helmine (a) Kurzform von Wilhelmine, Wilhelmina
Helmke niederdeutsche Kurzform von Vornamen, die mit »Helm-« oder »-helm« zusammengesetzt sind; auch als männlicher Vorname!
Helmtraud (e) auch Helmtrud; *aus dem Althochdeutschen:* Helm und Schutz, Stärke
Helmtrud Nebenform von Helmtraud
Heloise *aus dem Germanischen:* gesund und weit, groß oder stark
Helvi finnische Form von Hedwig
Hemma Nebenform von Emma
Hendrike (a) weibliche Form von Hendrik
Hendrikje niederdeutsch-niederländische Kurz- und Koseform von Henrike
Henni (a, y) Kurz- und Koseform von Henriette
Hennilotte Zusammensetzung aus Henni und Lotte
Henriette (a) *aus dem Französischen stammender Vorname;* weibliche Verkleinerungsform von Henri = Heinrich
Henrike (a) weibliche Form von Henrik

Hera *griechisch:* die Mächtige, die Beschützerin, die Starke

Herdis *nordisch; ursprünglich aus dem Isländischen:* Heer und Schutzgöttin

Herlind (e) *aus dem Althochdeutschen:* Heer und sanft, mild oder Schild

Herma Kurzform von Hermanna oder Hermine

Hermandine weibliche Form von Hermann

Hermanna weibliche Form von Hermann

Hermine weibliche Form von Hermann

Hermione weibliche Form von Hermes

Herta auch Hertha; Kurz- und Koseformen von Vornamen, die mit »Hert-« oder »Hart-« zusammengesetzt sind; geht wahrscheinlich auf eine irrtümliche Lesart des Namens Nerthus bei Tacitus zurück

Hertrud *aus dem Althochdeutschen:* Heer und Stärke

Hester niederländische und englische Form von Esther

Hetti auch Hetty, Hatty; Kurz- und Koseformen von Hedwig oder Henriette

Hidda Kurzform von Vornamen, die mit »Hild-« oder »-hild« zusammengesetzt sind

Hilaria *lateinisch:* die Heitere

Hilary englische Form von Hilaria; auch als männlicher Vorname!

Hilda (e) Kurzform von Vornamen, die mit »Hild-« oder »-hild« zusammengesetzt sind

Hildburg *aus dem Althochdeutschen:* Kampf und Schutz

Hildegard *aus dem Althochdeutschen:* Kampf und Schutz

Hildegund (e) *aus dem Althochdeutschen:* Kampf und Krieg

Hildelies Zusammensetzung aus Hilde und Liese

Hildemara weibliche Form von Hildemar

Hildrun *aus dem Althochdeutschen:* Kampf und Zauber

Hilke (a) friesische Kurz- und Koseformen von Vornamen, die mit »Hild-« zusammengesetzt sind

Hilla (e) niederdeutsch-friesische Kurz- und Koseformen von Vornamen, die mit »Hild-« zusammengesetzt sind

Hilma Nebenform von Helma

Hiltraud auch Hiltrud; *aus dem Althochdeutschen:* Kampf und Stärke

Hiltrud Nebenform von Hiltraud

Hiltrun Nebenform von Hildrun

Hiska friesische Kurz- und Koseform vermutlich von Zusammenfassungen mit »Hild-«

Holda auch Holle, Holdine; Nebenformen von Hulda

Holk westfriesische Form von Vornamen, die mit »Hold-« oder »Huld-« zusammengesetzt sind; auch als männlicher Vorname!

Holma weibliche Form von Holm

Hope *englisch:* Hoffnung

Hortensia (e) *lateinisch:* römischer Sippenname: den Garten betreffend; heute oft nach dem Blumennamen gedeutet

Hroswitha auch Roswitha; *aus dem Althochdeutschen:* Ruhm und Stärke

Huberta (e) weibliche Form von Hubert

Hubertina erweiterte Form von Huberta

Hulda auch Holda; *aus dem Althochdeutschen:* weiblicher Geist, gnädig

Humberta weibliche Form von Humbert

Ii

Ida Kurzform des heute nicht mehr gebräuchlichen althochdeutschen Namens Iduberga = Patronin der schwangeren Frauen

Idis Nebenform zu Ida

Iduna *altnordisch:* Name der Göttin ewiger Jugend

Ifigenia italienische Form von Iphigenie

Ignatia *lateinisch:* die Feurige

Iken friesischer Vorname; vielleicht eine Kurz- oder auch Koseform von Ida

Ilaria italienische Form von Hilaria

Ildegarda italienische Form von Hildegard

Ilga Nebenform von Helga; Variante von Ilsegard

Iliane schwedische und flämische Form von Juliane

Iljana slawische weibliche Form von Ilja; auch ukrainische Nebenform von Helene

Ilka ungarische Kurzform von Ilonka

Illa Kurzform von Elisabeth

Illo Kurz- und Koseform von Isolde

Ilona ungarische Form von Helene

Ilonka ungarische Koseform von Ilona

Ilsabe Kurz- und Koseform von Elisabeth

Ilse (a) Kurzform von Elisabeth

Ilsebill Zusammensetzung aus Ilse und Sibylle

Ilsedore Zusammensetzung aus Ilse und Dora

Ilsegard Zusammensetzung aus Ilse und Irmgard

Ilsegret Zusammensetzung aus Ilse und Grete

Ilselore Zusammensetzung aus Ilse und Lore

Ilselotte Zusammensetzung aus Ilse und Lotte

Ilsemaria (e) Zusammensetzung aus Ilse und Maria
Ilsetraud (e) Zusammensetzung aus Ilse und Traude
Ilske niederdeutsche Koseform von Ilse
Imela Koseform von Irma
Imelda Nebenform von Irmhild
Imke (a) ostfriesische Kurz- und Koseform von Imma
Imma (e) Kurz- und Koseform von Emma oder Vornamen, die mit »Irm-« zusammengesetzt sind
Imogen englischer Vorname; Bedeutung unsicher, vielleicht *aus dem Altirischen:* Tochter, Mädchen
Ina (e) Kurzform von Vornamen, die mit »-ina« oder »-ine« zusammengesetzt sind
Indira indischer Vorname; vielleicht zu Indra, dem Hauptgott der vedischen Religion
Ineke niederdeutsch-friesische und niederländische Form von Ina
Ines Nebenform von Inés
Inés spanische Form von Agnes
Inga schwedische Kurzform von Vornamen, die mit »Ing-« zusammengesetzt sind
Ingalisa Zusammensetzung aus Inga und Lisa
Inge Kurzform von Ingeborg
Ingeborg auch Ingeburg; nordischer Vorname; *aus dem Althochdeutschen:* Ingvio (germanischer Stammesgott) und Schutz
Ingehild *aus dem Althochdeutschen:* Ingvio (germanischer Stammesgott) und Kampf
Ingela Koseform von Inge
Ingelore Zusammensetzung aus Inge und Lore
Ingelotte Zusammensetzung aus Inge und Lotte
Ingemaren Zusammensetzung aus Inge und Maren
Ingemaria (e) Zusammensetzung aus Inge und Maria
Inger schwedische Kurzform von Ingerid
Ingerid Nebenform von Ingrid
Ingerose Zusammensetzung aus Inge und Rosa
Ingetraud (e) Zusammensetzung aus Inge und Traude
Inghild auch Ingild; Kurzformen von Ingehild
Ingrid nordischer Vorname; *aus dem Altnordischen:* Ingvio (germanischer Stammesgott) und schön oder Reiterin
Ingrun Zusammensetzung aus Inge und Vornamen, die mit »-run« zusammengesetzt sind, z. B. Gudrun oder Hildrun
Inja Zusammensetzung aus Ingeborg und Jakob
Inka auch Inken; friesische Kurz- und Koseform von Vornamen, die mit der Vorsilbe »Ing-« zusammengesetzt sind
Innozentia auch Innocentia; *lateinisch:* die Unschuldige
Insa (e) friesische Kurzform von Vornamen, die mit »Ing-« zusammengesetzt sind
Iolanthe Nebenform von Jolanthe

Iphigenie (a) Name einer Göttin; *aus dem Griechischen:* die aus mächtigem Geschlecht

Ira Kurzform von Irene oder Irina

Ireen Nebenform von Irene

Irena Nebenform von Irina

Irene *griechisch:* die Friedliche

Irène französische Form von Irene

Irina slawische Form von Irene

Iris Name einer griechischen Sagengestalt, wurde im Regenbogen gesehen; auch Name der Schwertlilie

Irka polnische Verkleinerungsform von Irene

Irma Kurzform von Vornamen, die mit »Irm-« zusammengesetzt sind

Irmalotte Zusammensetzung aus Irma und Lotte

Irmburg *aus dem Althochdeutschen:* mächtig und Schutz

Irmela Koseform von Irma

Irmelies Zusammensetzung aus Irma und Liese

Irmelin Koseform von Irma

Irmenburg Nebenform von Irmburg

Irmengard *aus dem Althochdeutschen:* mächtig und Schutz

Irmgard *aus dem Althochdeutschen:* mächtig und Schutz

Irmhild auch Irminhild; *aus dem Althochdeutschen:* mächtig und Kampf

Irmin (a, e) erweiterte Formen von Irma

Irmtraud auch Irmtrud; *aus dem Althochdeutschen:* mächtig und Stärke

Isa Kurzform von Vornamen, die mit »Is-« zusammengesetzt sind; Isa ist auch arabische Form des männlichen Vornamens »Jesus«

Isabel portugiesische und spanische Form von Elisabeth; *oder aus dem Hebräischen:* die Unberührte

Isabella erweiterte Form von Isabel

Isabelle französische Form von Isabella

Isadora (e) Nebenform von Isidora

Isberga *aus dem Althochdeutschen:* Eisen, Rüstung und Schutz

Isentraud *aus dem Althochdeutschen:* Eisen, Rüstung und Stärke

Isgard *aus dem Althochdeutschen:* Eisen, Rüstung und Schutz

Isidora (e) *griechisch:* Geschenk der Göttin Isis

Ismet *türkisch:* Ehre, Anstand, Reinheit; auch als männlicher Vorname!

Ismunde *aus dem Althochdeutschen:* Eisen, Rüstung und Schutz

Isobel englische Form von Isabel

Isolde wahrscheinlich keltischer Herkunft; *oder aus dem Althochdeutschen:* Eisen, Rüstung und walten

Isotta italienische Form von Isolde

Istrud auch Istraud, Isentraud; *aus dem Althochdeutschen:* Eisen, Rüstung und Kraft, Stärke

Itta auch Ita, Itte; Kurzformen von Jutta; Nebenformen von Ida

Ivana Nebenform von Iwana

Ivanka Koseform von Ivana

Ivette Nebenform von Yvette
Ivonne Nebenform von Yvonne
Iwana weibliche Form von Iwan
Iwanka Koseform von Iwana

Jj

Jacintha (e) weibliche Form von Hyazinth
Jacqueline französische weibliche Form von Jacques = Jakob
Jadwiga polnische Form von Hedwig
Jakoba (e) weibliche Form von Jakob
Jakobina weibliche Form von Jakob
Jakobine weibliche Form von Jakob
Jana auch Janna; slawische Formen von Johanna
Jane englische Form von Johanna
Janet englische Koseform von Jane
Janika bulgarische Koseform von Jana
Janina (e) polnische und russische Form von Johanna
Janis Nebenform von Jane; auch als männlicher Vorname!
Janka bulgarische und ungarische Koseform von Jana
Janna Kurz- und Koseform von Johanna oder Marianne
Jannette Eindeutschung von Jeannette
Jannina Nebenform von Janina
Jannick schweizerische Kurzform von Jeannique; Jannik ist männlicher Vorname!
Jantina erweiterte Form von Jana
Jarmila weibliche Form von Jarmil
Jascha Kurz- oder Koseform von Jadwiga; auch als männlicher Vorname!
Jasmin (a, e) auch Yasmin; *aus dem Persischen:* Name eines Zierstrauchs
Jean englische Form von Johanna; auch als männlicher Vorname!
Jeanne französische Form von Johanna
Jeannette Koseform von Jeanne
Jeannine Koseform von Jeanne
Jeannique erweiterte Form von Jeanne
Jehanne Nebenform von Johanna
Jekaterina russische Form von Katharina
Jelena russische und serbokroatische Form von Helena
Jelenka russische Koseform von Jelena
Jelisaweta russische Form von Elisabeth

Jelka ungarische Koseform von Helene
Jella friesische Kurzform von Gabriela
Jenni Kurz- und Koseform von Johanna
Jennifer englischer Vorname keltischer Herkunft; vielleicht vom walisischen »gwyn« = weiß
Jenny Kurz- und Koseform von Johanna
Jerra friesische Koseform von Gertrud
Jessica *englischer Vorname hebräischer Herkunft:* Gott blickt an
Jessika *englischer Vorname hebräischer Herkunft:* Gott blickt an; auch schwedische Form von Johanna
Jessie schottische Koseform von Janet
Jette (a) Kurzform von Henriette
Jezabel hebräische Form von Isabel
Jill englische Kurzform von Gillian
Jitka tschechische Koseform von Judith
Jo Kurz- und Koseform von männlichen und weiblichen Vornamen, die mit »Jo-« zusammengesetzt sind
Joachime weibliche Form von Joachim
Joan englische Form von Johanna; auch als männlicher Vorname!
Joana portugiesische Form von Joan
Johanna (e) auch Joanna; *hebräisch:* Gott (Jahwe) ist gnädig
Johannetta (e) erweiterte Form von Johanna
Joke friesische Kurzform von Johanna; auch als männlicher Vorname!
Jolán ungarische Kurzform von Jólanká
Jólanká *ungarisch:* gutes Mädchen
Jolanthe auch Yolanthe, Jolanda, Yolanda; *griechisch:* Veilchen
Jonna dänische Kurzform von Johanna
Jordis auch Jördis, Hjördis; *altnordisch:* Schwert und Göttin
Jorina friesische weibliche Form von Gregor
Jorinde wahrscheinlich erweiterte weibliche Form von Gregor
Jorinna Nebenform von Jorina
Joscha ungarische Kurzform von Josepha; auch als männlicher Vorname!
Josée französische Form von Josefine
Josepha auch Josefa; weibliche Form von Joseph; *hebräisch:* Gott (Jahwe) schenke Vermehrung
Josephine (a) auch Josefine; erweiterte Formen von Josepha
Josette französische Koseform von Josephine
Josi Koseform von Josepha
Josiane französische Koseform von Josephine
Josina niederländische Form von Josephine
Josta weibliche Form von Jost bzw. Jodokus

Jovanka slawische Form von Johanna

Jovita auch Jowita; südslawische Koseformen von Johanna

Jovita auch Joyvita; *englisch:* Freude am Leben

Joy *englisch:* Freude

Juana spanische Form von Johanna

Juanita Koseform von Juana

Jucunda *lateinisch:* die Angenehme

Judica *lateinisch:* richte!

Judith (a) *hebräisch:* die Bekennerin, die Gepriesene, Jüdin

Judy englische Kurzform von Judith

Jukunda Nebenform von Jucunda

Jula (e) Kurzform von Julia

Julia *lateinisch:* aus dem Geschlecht der Julier

Juliana (e) erweiterte Form von Julia

Julianna erweiterte Form von Juliane; auch ungarische Form von Juliana

Julie Koseform von Julia

Julienne französische Form von Juliana

Juliet englische Form von Julia

Julietta Verkleinerungsform von Julia

Juliette französische Koseform von Julia

Juline erweiterte Form von Julia

Julischka auch Julika; ungarische Koseform von Julia

June englische Form von Junia

Junia die im Juni Geborene

Juno *lateinisch;* Name der römischen Schutzgöttin

Jurina weibliche westslawische Form von Juri

Justa *lateinisch:* die Gerechte

Justine (a) erweiterte Form von Justa

Jutta auch Jutte, Juthe; Kurzformen von Judith; ursprünglich *altnordisch:* die aus dem Volk der Jüten Stammende

Kk

Kaarina finnische Form von Katharina

Kai auch Kay; vermutlich keltischer Herkunft; Bedeutung ungeklärt; auch als männlicher Vorname!

Kaja friesische Kurzform von Katharina; auch schwedische Kurzform von Kajsa

Kajsa schwedische Koseform von Karin

Kalliope *griechisch:* die mit der schönen Stimme

Kamilla auch Camilla; *lateinisch:* die Ehrbare
Kandida Nebenform von Candida
Kara Nebenform von Cara
Karda Kurz- und Koseform von Richarda
Kareen Nebenform von Karin
Karel Neubildung aus Karoline und Elisabeth; auch als männlicher Vorname!
Karen auch Caren; dänische und schwedische Formen von Karin
Karianne niederländische Zusammensetzung aus Katharina und Johanna
Karin nordische Kurzform von Katharina
Karina auch Carina, *italienisch:* die Hübsche
Karla auch Carla; *aus dem Althochdeutschen:* die Freie
Karola auch Carola, Karolina, Karolin; erweiterte Formen von Karla, Carla
Karsta auch Carsta; niederdeutsche Formen von Christa
Karstine niederdeutsche Form von Christine
Kassandra Name einer Gestalt der griechischen Mythologie
Katalin ungarische Kurzform von Katharina
Kate auch Kathe, Kathy; englische Kurzform von Katharina
Kateline mittelenglische Form von Katharina
Katharina (e) auch Kathrin, Kathrein; *griechisch:* die Reine, Makellose
Käthe auch Käte, Kati, Katy; Kurz- und Koseform von Katharina
Kathi Koseform von Katharina
Kathinka russische Kurzform von Katharina
Kathleen auch Cathleen; englisch-irische Formen von Katharina
Kathrein oberdeutsche Kurzform von Katharina
Kathrin Kurzform von Katharina
Kathrina erweiterte Form von Kathrin
Katina ungarische Form von Katharina
Katinka russische Kurzform von Katharina
Katja russische Kurzform von Katharina
Katjana erweiterte Form von Katja
Katjuscha russische Koseform von Katharina
Katka slowenische und ungarische Kurzform von Katharina
Katrin Kurz- oder Koseform von Katharina
Katrina erweiterte Form von Katrin
Kay Nebenform von Kai
Kersti Nebenform von Kristin
Kerstin (a, e) schwedische Nebenformen von Kristin
Kerstina Nebenform von Kristina
Kim amerikanischer Vorname, vermutlich Kurzform von Marilyn; auch als männlicher Vorname!
Kirsten auch Kirstin; dänische und schwedische Formen von Chris-

tine; Kirsten auch als männlicher Vorname!

Kirsti schwedische Form von Kirsten

Kitty englische Kurzform von Katharina

Klara auch Clara, Kläre; *lateinisch:* die Helle, Glänzende

Klarina auch Klarinda; erweiterte Formen von Klara

Klarissa auch Clarissa; erweiterte Formen von Klara

Klaudia auch Claudia; römischer Sippenname; eigentlich: die Hinkende

Klementia auch Clementia; *lateinisch:* Gnade, Mildtätigkeit

Klementine (a) auch Clementine; erweiterte Form von Klementia

Kleopatra *griechisch:* Ruhm und Vater

Klio auch Clio; *griechisch:* die Rühmerin

Klivia Nebenform von Clivia

Klothilde auch Clothilde; *aus dem Althochdeutschen:* berühmt und Kampf

Koba Kurzform von Jakoba

Kolomba *griechisch:* die Taube

Kolumbine erweiterte Form von Kolomba

Konkordia Nebenform von Concordia

Konni auch Konny, Conni; Kurzformen von Konkordia; auch als männlicher Vorname!

Konrade weibliche Form von Konrad

Konradine erweiterte Form von Konrade

Konstantine (a) weibliche Form von Konstantin

Konstanze (a) auch Constanze; *lateinisch:* die Beständige

Kora *griechisch:* Mädchen, Tochter

Kordelia Nebenform von Cordelia

Kordia Kurz- und Koseform von Konkordia

Kordula Nebenform von Cordula

Korinna auch Corinna; *griechisch:* Mädchen, Tochter

Kornelia Nebenform von Cornelia

Korona Nebenform von Corona

Kosima Nebenform von Cosima

Kreszentia auch Crescentia; Kreszenz; *lateinisch:* die Wachsende

Kriemhild (e) auch Krimhild; *aus dem Althochdeutschen:* Helm und Kampf

Krishna auch Krischna; indische Vornamen; nach dem indischen Gott Krishna (der Schwarze); oder die Entzückende; auch als männliche Vornamen!

Krispina weibliche Form von Krispin

Krista neuere Form von Christa

Kristiane nordische Form von Christiane

Kristin (e, a) nordische Formen von Christine

Kunigunde (a) *aus dem Althochdeutschen:* Sippe und Kampf

L

Laila *finnisch-lappländisch;* umgebildet aus Aila

Lale dänischer Vorname; aus der Kindersprache übernommene Lallform; auch skandinavische Kurzform von Laura

Lamberta auch Lambertine; weibliche Formen von Lambert

Lana Kurzform von Namen, die mit »-lana« zusammengesetzt sind

Lara Kurzform von Laura

Larissa russische erweiterte Form von Lara; auch identisch mit dem griechischen Städtenamen Larissa

Lätitia *lateinisch:* Freude, Frohsinn

Laura Kurzform von Laurentia

Laurence französische Form von Laurentia; auch als männlicher Vorname!

Laurentia auch Laurenzia; *lateinisch:* die aus (der Stadt) Laurentium; auch als die Lorbeergeschmückte gedeutet

Lauretta (e) italienische und französische Koseform von Laura

Laurine weibliche Form von Laurin

Lavinia *lateinisch:* Frau aus der Stadt Lavinium

Lea *hebräisch:* die Ermüdete; oder auch: Wildkuh

Leandra weibliche Form von Leander

Leda Name einer Gestalt der griechischen Mythologie

Lee englisch-amerikanischer Vorname; von Lea oder aus dem Irisch-Gälischen: anmutig; oder aus dem Altenglischen: die vom Weideland Stammende; auch als männlicher Vorname!

Leila *orientalisch:* Nacht, Dunkelheit

Leli Kurzform von Lelia oder Magdalene

Lelia italienischer Vorname; von »Laelia«, einem alten römischen Frauennamen; oder niederländisch zum lateinischen »lilium« = Lilie

Lena (e, i, y) Kurzformen von Helene oder Magdalene

Lenelies Zusammensetzung aus Lene und Liese

Lenelore Zusammensetzung aus Lene und Lore

Lenelotte Zusammensetzung aus Lene und Lotte

Lenka slawische Kurzform von Helene oder Magdalene

Lenore Nebenform von Leonore

Leona Kurzform von Vornamen, die mit »Leo-« zusammengesetzt sind

Leonharda auch Leonarda; Zusammensetzung aus dem lateinischen »leo« = Löwe und dem Althochdeutschen harti = hart, stark, kühn

Leonie Kurzform von Vornamen, die mit »Leo-« zusammengesetzt sind

Leonore auch Lenore; Kurzformen von Eleonore

Leontine *lateinisch:* die Löwengleiche; oder: Frau aus der Stadt Leontini

Leopolda (e) *aus dem Althochdeutschen:* Volk und kühn

Leopoldine erweiterte Form von Leopolde

Leslie englischer und französischer Vorname; ursprünglich ein Familienname; auch als männlicher Vorname!

Letta Kurzform von Aletta oder Violetta

Lexa Kurzform von Alexandra

Li Kurzform von Elisabeth oder anderen Vornamen, die mit »Li-« oder »Lie-« zusammengesetzt sind

Lia Kurz- und Koseform von Julia oder Elisabeth; Nebenform von Lea

Liane (a) Kurzform von Juliana

Liberta weibliche Form von dem früheren Liebert, einer Nebenform von Liebrecht

Libeth Kurzform von Elisabeth

Libussa *slawisch:* Liebe, Liebling

Lida Kurzform von Adelheid oder Ludmilla

Liddi (a, y) Kurz- und Koseform von Lydia

Lidwina wahrscheinlich weibliche Form von Luitwin

Liebgard auch Liebegard; *aus dem Althochdeutschen:* lieb und Schutz

Liebhild (e) *aus dem Althochdeutschen:* lieb und Kampf

Liebtraud auch Liebetraud; *aus dem Althochdeutschen:* lieb und Kraft

Liesa auch Lisa, Lis; Kurzformen von Elisabeth

Liesbeth auch Lisbeth; Kurzformen von Elisabeth

Liese auch Liesel; Kurzformen von Elisabeth

Lieselore auch Liselore; Zusammensetzung aus Liese und Lore

Lieselotte auch Liselotte; Zusammensetzung aus Liese und Lotte

Liesemarie Zusammensetzung aus Liese und Marie

Lil(l) Kurz- und Koseform von Elisabeth

Lilian (a, e) englische erweiterte Form von Lilly

Lilith Name eines babylonischen Sturmdämons; zum hebräischen »lilith« = die Nächtliche

Lilly auch Lilli, Lily; Kurz- und Koseformen von Elisabeth

Lilo auch Lilotte; Kurzformen von Lieselotte

Lina (e) Kurzform von Vornamen, die mit »-line« oder »-lina« zusammengesetzt sind

Linda (e) Kurzform von Vornamen, die mit »-linda« oder »-linde« zusammengesetzt sind

Lindgard *aus dem Althochdeutschen:* sanft und Schutz

Linette französische Koseform von Lina

Lis (a) Kurz- und Koseformen von Elisabeth

Lisabeth Kurzform von Elisabeth

Lisanne Zusammensetzung aus Lise und Anne

Lise Kurzform und französische und dänische Form von Elisabeth

Lisenka slawische Kurz- und Koseform von Elisabeth

Liserose Zusammensetzung aus Lise und Rosa

Lisette (a) französische Koseform von Elisabeth

Lisgret Zusammensetzung aus Lise und Grete

Lissy (a, e, i) Kurz- und Koseformen von Elisabeth

Lita niederländische Kurzform von Vornamen, die mit »Luit-« zusammengesetzt sind

Liv *nordisch:* Wehr, Schutz; häufig assoziiert mit liv = Leben

Livia weibliche Form von Livius

Lizzy (i) auch Liz; englische Kurz- und Koseform von Elisabeth oder Alice

Ljuba auch Liuba; slawischer Vorname: die Liebe, die Liebende

Ljubinka slawische Koseform von Ljuba

Loana andere Form von Luana; oder erweiterte Form von Lona

Loisa Kurzform von Aloisia

Loki Kurz- und Koseform von Hannelore

Lola spanische Kurz- und Koseform von Dolores oder Carola

Lolita spanische Koseform von Lola

Lona Kurzform von Apollonia oder Leona

Loni (e, y) Kurz- und Koseformen von Apollonia oder Leona

Lora slawische Nebenform von Laura; oder russische Kurzform von Larissa

Lore Kurzform von Eleonore

Lorelene Zusammensetzung aus Lore und Lene

Lorelies Zusammensetzung aus Lore und Liese

Lorena englisch-amerikanische erweiterte Form von Laura

Lorenza weibliche italienische Form von Lorenzo

Loretta (e) auch Loritta; Nebenformen von Lauretta

Lorina Kurzform von Laurentia

Loris italienische und schweizerische Kurzform von Laurentia; auch als männlicher Vorname!

Lorna amerikanischer Vorname; Bedeutung ungeklärt; wahrscheinlich aus R. D. Blackmores Roman »Lorna Doone«

Lotte (i) Kurzform von Charlotte

Lottelies Zusammensetzung aus Lotte und Liese

Lottemarie Zusammensetzung aus Lotte und Marie

Lou Kurz- und Koseform von Louise; auch als männlicher Vorname!

Louise weibliche Form von Louis

Lowisa (e) niederdeutsche und schwedische Form von Luise

Lu Kurzform von Vornamen, die mit »Lud-« zusammengesetzt sind; auch als männlicher Vorname!

Luana amerikanischer Vorname; Herkunft und Bedeutung ungeklärt

Luc französische Kurzform von Lukretia; auch Kurzform von Lucy; auch als männlicher Vorname!

Lucia auch Lucie, Luzia; *lateinisch:* die Leuchtende, die bei Tagesanbruch Geborene

Luciane weibliche Form von Lucian

Lucienne weibliche Form von Lucien

Lucille (a) erweiterte Form von Lucia

Lucinde auch Luzinde; erweiterte Form von Lucia

Lucréce französische Form von Lukretia

Lucy englische Form von Lucia

Ludgardis Nebenform von Luitgard

Ludgera weibliche Form von Ludger

Ludmilla *slawisch:* Volk und lieb, angenehm

Ludolfa weibliche Form von Ludolf

Ludolfina erweiterte Form von Ludolfa

Ludowika auch Ludovica; latinisierte weibliche Form von Ludwig; auch slawische Form und Nebenform von Ludwiga

Ludwiga *aus dem Althochdeutschen:* berühmt und Kampf

Luigia italienische Form von Ludwiga

Luise (a) eingedeutschte Form von Louise

Luisella italienische Koseform von Luisa

Luiselotte Zusammensetzung aus Luise und Lotte

Luisemarie Zusammensetzung aus Luise und Marie

Luitberga *aus dem Althochdeutschen:* Volk und Schutz

Luitgard *aus dem Althochdeutschen:* Volk und Schutz

Luitgund (e) *aus dem Althochdeutschen:* Volk und Kampf

Luithild *aus dem Althochdeutschen:* Volk und Kampf

Lükardis Nebenform von Luitgard

Lukerja russische Form von Lukretia

Lukretia auch Lucretia; Lukrezia; *lateinisch:* aus dem Geschlecht der Lukretier

Lulu kindersprachliche Doppelung von Lu

Lunetta amerikanischer Vorname; *lateinisch:* luna = Mond

Lusia Herkunft und Bedeutung ungeklärt; wahrscheinlich von Luise oder Lucia

Lutgard Nebenform von Luitgard

Luzie Koseform von Lucia

Luzinde eingedeutschte Form von Lucinde

Lyda Nebenform von Lydia

Lydia *griechisch:* die aus Lydien Stammende

Lykke *nordisch:* Glück

Lys (e) Nebenformen von Liese; oder vom griechischen »lysein« = befrei

M

Mabel englische Kurzform von Amabella

Madalena auch Maddalena; italienische Formen von Magdalena

Madeleine französische Form von Magdalena

Madge englische Kurzform von Margarethe

Madlen Kurzform von Magdalena

Mady englische Kurz- und Koseform von Magdalena

Mafalda Herkunft und Bedeutung ungeklärt; im Italienischen gebräuchlich

Mag auch Magg, Maggie, Maggy; englische Kurzformen von Margarethe

Magda Kurzform von Magdalena

Magdalena (e) *hebräisch:* die aus Magdala Stammende

Magelone französischer literarischer Name aus dem 16. Jahrhundert; Nebenform von Magdalena

Magna weibliche Form von Magnus; auch Nebenform von Magnhild

Magnhild nordische Form von Mathilde

Mai-Britt auch Maj-Britt; skandinavischer Doppelname; vermutlich aus Maja und Britta gebildet

Maia Kurzform von Maria; auch: die im Mai Geborene

Maie friesische Kurzform von Maria

Maike auch Maiken; niederdeutsche Kurz- und Koseformen von Maria

Maita Herkunft und Bedeutung ungeklärt; vielleicht von Margarethe

Maj Kurzform von Maria

Maja auch Maya; *aus dem Lateinischen:* Name einer römischen Göttin; auch Kurzform von Maria

Maje friesische Kurzform von Maria

Majella erweiterte Form von Maja

Makarie weibliche Form von Makarios

Male Kurzform von Amalie oder Malwine

Maleen auch Malena, Malene; nordische Kurzformen von Magdalena

Malenka slawische Kurzform und russische Form von Melanie

Malfriede *aus dem Althochdeutschen:* Gerichtsstätte und Frieden

Mali Kurzform von Amalie oder Magdalena

Malin (a, e) Kurzformen von Magdalena; vielleicht im Zusammenhang mit dem russischen »malina« = Himbeerstrauch

Malli Kurzform von Amalie oder Magdalena

Malve Herkunft und Bedeutung ungeklärt; vielleicht Nebenform von Malwine

Malvida auch Malwida; Herkunft und Bedeutung ungeklärt; vielleicht Nebenform von Malwine

Malwine (a) auch Malvie (a); *aus dem Althochdeutschen:* Gerichtsplatz, Rat und Freund

Manda Kurzform von Amanda

Mandy englische Koseform von Manda

Manfreda weibliche Form von Manfred

Manja slawische Kurzform von Maria

Manon französische Koseform von Maria

Manuela Kurzform von Emanuela

Mara *hebräisch:* bitter; auch russische Kurz- und Koseform von Maralda

Maralda weibliche Form von Marald

Marceline weibliche Form von Marcel

Marcella weibliche Form von Marcellus

Marcellina (e) Koseform von Marcella

Marcia amerikanische weibliche Form von Marcus

Mareen Nebenform von Maren

Marei auch Mareile; oberdeutsche Koseformen von Maria

Mareike auch Marieke; Koseformen von Maria

Maren friesische Kurzform von Maria; dänische Form von Marina

Marene erweiterte Form von Maren

Maresa Herkunft und Bedeutung ungeklärt; vielleicht erweiterte Form von Maria

Maret (a, e) Kurz- und Koseformen von Margarethe

Marfa russische Form von Martha

Marga Kurzform von Margarethe

Margalita russische Nebenform von Margarethe

Margarethe auch Margareta, Margaret; *hebräisch:* die Perle

Margarita spanische und russische Form von Margarethe

Margery englische Kurz- und Koseform von Margarethe

Margherita italienische Form von Margarethe

Margit Kurzform von Margarethe

Margitta rätoromanische Form von Margarethe

Margot Kurz- und Nebenform von Marguerite

Margret auch Margrit; Kurzformen von Margarethe

Marguerite französische Form von Margarethe

Maria Vorname hebräischer Herkunft, Bedeutung ungeklärt; wahrscheinlich von dem hebräischen »mirjam« = Bitterkeit oder widerspenstig; auch als männlicher Zweitvorname!

Mariam russische und bulgarische Form von Maria

Mariamne Bedeutung ungeklärt; wahrscheinlich von dem hebräischen »mirjam« = Bitterkeit oder widerspenstig; vielleicht auch ägyptisch: die von Ammon Geliebte

Mariana (e) erweiterte Formen von Maria
Marianita Zusammensetzung aus Maria und Anita
Marianka slawische Koseform von Maria
Marianne (a) alter französischer Vorname; wahrscheinlich von Mariamne; später als Zusammensetzung aus Maria und Anne gedeutet
Mariantonia Zusammensetzung aus Maria und Antonia
Marie Nebenform von Maria
Marieke niederdeutsche Koseform von Maria
Mariele Koseform von Maria
Marielene Zusammensetzung aus Maria und Lene
Marieliese Zusammensetzung aus Maria und Liese
Mariella italienische Koseform von Maria
Marielore Zusammetzung aus Maria und Lore
Marieluise Zusammensetzung aus Maria und Luise
Marierose Zusammensetzung aus Maria und Rosa
Marieta Nebenform von Marita
Marietheres Zusammensetzung aus Maria und Therese
Marietta italienische Koseform von Maria
Marija russische Form von Maria
Marika schwedische und ungarische Form von Maria
Marilu italienische Zusammensetzung aus Maria und Luise
Marilyn englische Koseform von Mary
Marina erweiterte Form von Maria; oder weibliche Form von Marinus
Marinella erweiterte Form und italienische Koseform von Marina
Marion französische Form von Maria
Marisa (e) italienische und schweizerische Koseform von Maria
Marischka ungarische Koseform von Maria
Marisibill Zusammensetzung aus Maria und Sibylle
Marit schwedische Kurz- und Koseform von Margarethe
Marita spanische Koseform von Margarethe; auch Koseform von Maria
Maritta italienische Koseform von Maria; auch Kurzform von Margarethe
Marja slawische Nebenform von Maria
Marjorie englische Form von Margarethe
Marka weibliche Form von Markus
Marlene auch Marleen; Zusammensetzung aus Maria und Lene
Marlies (e) auch Marlis; Zusammensetzung aus Maria und Liese
Marline (a) Nebenform von Marlene
Martha (e) *aus dem Hebräischen:* Herrin
Martina weibliche Form von Martin

Martine französische Form von Martina
Martje friesische Koseform von Martha
Maruschka slawische Koseform von Maria
Marusja Nebenform von Maruschka
Mary englische Form von Maria
Maryla polnische Nebenform von Maria
Marylou englische Zusammensetzung aus Mary und Louise
Maryrose englische Form von Marierose
Maryse französische Nebenform von Marisa
Maryvonne schweizerische Zusammensetzung aus Maria und Yvonne
Marzella eingedeutschte Form von Marcella
Marzelline eingedeutschte Form von Marcelline
Mascha russische Kurzform von Marija
Mat englische Kurzform von Martha; auch als männlicher Vorname!
Mathilde (a) *aus dem Althochdeutschen:* Macht, Stärke und Kampf
Mattea italienische Form von Matthäa
Matthäa weibliche Form von Matthäus
Maud englische Kurzform von Mathilde
Maureen auch Maura; englische Kurzformen von Mary
Maxi Kurz- und Koseform von Maximiliane; auch als männlicher Vorname!
Maxilie Kurzform von Maximilienne
Maximiliane *lateinisch:* die Größte
Maximilienne französische Form von Maximiliane
May englische Kurzform von Mary
Maya Nebenform von Maja
Mechthild (e) auch Mechtheld; Nebenformen von Mathilde; *aus dem Althochdeutschen:* Macht, Stärke und Kampf
Medea *griechisch:* die Kluge
Meike ostfriesische Kurzform von Vornamen, die mit »Mein-« zusammengesetzt sind; auch als männlicher Vorname!
Meina ostfriesische Kurzform von Vornamen, die mit »Mein-« zusammengesetzt sind
Meinarde Nebenform von Meinharde
Meinharde weibliche Form von Meinhard
Meinhild (e) *aus dem Althochdeutschen:* Kraft und Kampf
Meinrade weibliche Form von Meinrad
Melanie *griechisch:* die Schwarze, die Dunkle
Melinda Herkunft und Bedeutung ungeklärt; wahrscheinlich zum lateinischen »mellinia« = Honigtrank
Melina *griechisch-lateinisch:* die von der Insel Melos; oder Kurzform von Emmeline

Meline Kurzform von Emmeline

Melisande alter deutscher Vorname; von dem gotischen »Amalaswintha«, Name einer Meerjungfrau aus einer Sage aus dem 14. Jahrhundert

Melissa Nebenform von Melitta

Melitta *griechisch:* Biene, die Honigsüße

Mella Herkunft und Bedeutung ungeklärt

Melse niederdeutsche Kurzform von Melisande oder Melusine

Melsene erweiterte Form von Melse

Melusine alter deutscher Vorname; von dem gotischen »Amalaswintha«, Name einer Meerjungfrau aus einer Sage aus dem 14. Jahrhundert

Mena auch Menna; Nebenformen von Meina

Mercedes *spanisch;* hervorgegangen aus dem Fest »Maria de mercede redemptionis captivorum« = Maria von der Gnade der Gefangenenerlösung

Merete dänische Kurzform von Margarethe

Merle französischer und amerikanischer Vorname; *aus dem Lateinischen:* Amsel

Merlin *englisch;* vom keltischen »myrddin« = Seehügel, Düne; auch als männlicher Vorname!

Meta Kurz- und Koseform von Margarethe

Mette (a) niederdeutsche Kurz- und Koseform von Mechthild

Mia Kurz- und Koseform von Maria

Micaela italienische und spanische Form von Michaela

Micha Kurz- und Koseform von Michaela; auch als männlicher Vorname!

Michaela *hebräisch:* wer ist wie Gott

Michèle französische Form von Michaela

Micheline erweiterte Form von Michèle

Michelle französische Form von Michaela

Mieke niederdeutsche Kurz- und Koseform von Maria

Mignon französischer Vorname indogermanischer Herkunft; *aus dem Althochdeutschen:* lieben; oder *aus dem Französischen:* niedlich, zierlich

Mike Koseform von Maria; auch als männlicher Vorname!

Mila Kurzform von Emilie oder Ludmilla

Milana erweiterte Form von Mila; oder *auch aus dem Slawischen:* die Liebliche

Mildred englische Form von Miltraud

Milena slawische Nebenform von Milana

Milli (a, y) Kurz- und Koseformen von Emilie oder Ludmilla oder Vornamen, die mit »Amal-« zusammengesetzt sind

Miltraud auch Mildrud; *aus dem Althochdeutschen:* gnädig und Kraft, Stärke

Milva italienischer Vorname; wahrscheinlich vom lateinischen »milvus« = Taubenfalke

Mimi kindersprachliche Lallform von Emilie, Maria oder Wilhelmine

Minerva *griechisch-lateinisch:* die Kluge

Minika Kurz- und Koseform von Dominika

Minja Kurzform von Vornamen, die mit »-mina« zusammengesetzt sind; auch als männlicher Vorname

Minna auch Mina, Mine; Kurz- und Koseformen von Hermine oder Wilhelmine

Mira Kurzform von Mirabella

Mirabella (e) auch Mirabell; *italienisch:* die Wunderbare, Schöne

Miranda *lateinisch:* die Bewundernswerte

Mireille französische Form von Mirella

Mirella italienische Nebenform von Mirabella

Mireta italienische Koseform von Mira oder Mirabella

Mirja finnische Form von Maria

Mirjam auch Miriam; aramäisch-hebräische Form von Maria

Mirka weibliche Form von Mirko

Mirl bayerische Kurzform von Maria

Mizzi auch Mizi, Mitzi; Koseformen von Maria

Modesta (e) *lateinisch:* die Bescheidene

Moira *griechisch:* Schicksal, Glück

Molly englische Koseform von Mary

Mona *irisch:* die Edle; oder Kurzform von Monika oder Ramona; oder italienische Kurzform von Madonna (alte Anrede für Frau)

Moni Kurz- und Koseform von Monika

Monika auch Monica; lateinisch-griechische Herkunft: die Einzige

Monique französische Form von Monika

Monja amerikanische Kurzform; *aus dem Griechischen:* die Harmonie

Muriel englischer Vorname keltischer Herkunft: die glänzende See

Myrtha (e) griechischer Pflanzenname hebräischer Herkunft; wörtlich: bitter

Nn

Nada Koseform von Ferdinanda

Nadeschda Nebenform von Nadjeschda

Nadine erweiterte Form von Nadja

Nadja auch Nadia; russische Kurz- und Koseformen von Nadjeschda

Nadjeschda *russisch:* Hoffnung

Naemi *hebräisch:* die Liebliche

Naja *grönländisch:* kleine Schwester

Nana französische Kurzform von Anna

Nancy englische Kurzform von Anna

Nanda Kurzform von Ferdinanda

Nanna Koseform von Amanda, Anna oder Johanna; auch nordischer Vorname: Name der Frau des Gottes Baldr

Nanne kindersprachliche Lallform von Anne oder Marianne; auch als männlicher Vorname!

Nannette auch Nanette; französische Koseformen von Anna

Nanon französische und englische Form von Anna

Nantje friesische weibliche Form von Nante; auch Kurzform von Ferdinande

Naomi englische Nebenform von Naemi

Nastasja russische Kurzform von Anastasia

Natalie (a) *lateinisch:* die am Weihnachtstag Geborene

Natalija russische Form von Natalia

Natalina erweiterte Form von Natalie

Natascha russische Koseform von Natalija

Nate Kurzform von Renate

Nathalie französische Form von Natalie

Neeltje friesische Kurz- und Koseform von Cornelia

Nela friesische Kurzform von Cornelia; Koseform von Manuela

Nelda Kurzform von Thusnelda

Nele Kurzform von Cornelia, Eleonore oder Helene

Nelli (a, y) Kurz- und Koseform von Cornelia, Helene, Elisabeth, Eleonore

Nete (a) schwedisch-dänische Kurz- und Koseformen von Agnes, Annette, Antoinette oder Jeannette

Netta (e, i) Kurz- und Koseformen von Annette, Antoinette, Jeannette oder anderen Vornamen, die mit »-etta« oder »-ette« zusammengesetzt sind

Nicla Nebenform von Nicola

Nico italienische Kurz- und Koseform von Nicola; auch als männlicher Vorname!

Nicola weibliche italienische Form von Nikolaus; auch als männlicher Vorname!

Nicole auch Nicolle, Nikole; französische weibliche Formen von Nikolaus

Nicoletta italienische Verkleinerungsform von Nicola

Nielsine niederdeutsche und friesische weibliche Form von Niels

Nies Kurzform von Agnes; auch als männlicher Vorname!

Nike *griechisch:* Name der Siegesgöttin

Niki Koseform von Nikola; auch als männlicher Vorname!

Nikola deutsche Schreibweise von Nicola

Nikoletta deutsche Schreibweise von Nicoletta

Nikoline erweiterte Form von Nikola

Nina (e) Kurzform von Vornamen, die mit »-nina« oder »-nine« zusammengesetzt sind

Ninette italienische und französische Koseform von Nina

Ninina spanische Koseform von Marcellina

Ninja spanisch-portugiesische Form von Nina

Ninon französische Form von Nina

Nita schwedische und dänische Kurzform von Anita und anderen Vornamen, die mit »-ita« zusammengesetzt sind

Noëlle französische weibliche Form von No‘l

Noemi Nebenform von Naemi

Nolda Kurzform von Arnolda

Nona englischer und schwedischer Vorname; *aus dem Lateinischen:* die Neunte

Nonna schwedische Kurz- oder auch Koseform von Eleonora oder Yvonne

Nora Kurzform von Eleonora

Noreen irische Koseform von Nora

Norina italienische erweiterte Form von Nora

Norma englischer Vorname lateinischer Herkunft: Richtschnur, Regel

Nuria spanisch; abgeleitet vom Namen des Muttergottesbildes »Unsere Frau von Nuria«

O o

Octavia auch Oktavia; *lateinisch:* die Achte; aus dem Geschlecht der Octavier

Oda Kurzform von Vornamen, die mit »Ot-« oder »Od-« zusammengesetzt sind

Odalberta Nebenform von Odilberta

Odalinde *aus dem Althochdeutschen:* Besitz und sanft, mild oder Schild

Odette französische erweiterte Form von Oda; oder französische Verkleinerungsform von Odile

Odila Koseform von Oda

Odilberga *altsächsisch:* Besitz und Schutz

Odilberta Nebenform von Otberta

Odile französische Form von Odilia
Odilgard *altsächsisch:* Besitz und Schutz
Odilia Nebenform von Ottilie
Odilie latinisierte Form von Ottilie
Odine erweiterte Form von Oda
Okka friesische Kurz- und Koseform von Vornamen, die mit »Od-« zusammengesetzt sind
Oktavia Nebenform von Octavia
Olcay türkischer Vorname; *aus dem Arabischen:* Glück; auch als männlicher Vorname!
Olegard Nebenform von Odilgard
Olga russischer Vorname; geht auf Helga zurück
Olinde Nebenform von Odalinde
Oliva Nebenform von Olivia
Olive französische Form von Olivia
Olivia *lateinisch:* der Ölbaum
Olli (y, a) auch Ollie; Kurz- und Koseformen von Olivia, Olga oder Ottilie; Olli, Ollie und Olly auch als männliche Vornamen!
Olympia *griechisch:* Name einer Muse auf dem Berg Olympos
Onoria italienische weibliche Form von Onorio
Onorina erweiterte Form von Onoria
Ophelia *griechisch:* Hilfe, Beistand
Orane französische Form von Orania
Orania Nebenform von Urania
Orseline italienische Nebenform von Orsola
Orsina italienische Nebenform von Orsola
Orsola italienische Form von Ursula
Orsolya ungarische Form von Ursula
Orthia auch Orthea; Kurz- und Koseformen von Dorothea
Orthild (e) *aus dem Althochdeutschen:* Speerspitze und Kampf
Ortlind (e) *aus dem Althochdeutschen:* Speerspitze und sanft, mild oder Schild
Ortrud auch Ortraud; *aus dem Althochdeutschen:* Speerspitze und Kraft, Stärke
Ortrun *aus dem Althochdeutschen:* Speerspitze und Zauber
Ositha Herkunft und Bedeutung ungeklärt
Ostara aus dem angelsächsischen »eastre« = die im Ostermonat Geborene
Oswine weibliche Form von Oswin
Ota Nebenform von Oda
Otberga *aus dem Althochdeutschen:* Besitz und Schutz
Otberta *aus dem Althochdeutschen:* Besitz und glänzend
Otburga auch Otburgis; Nebenformen von Otberga
Otlinde *aus dem Althochdeutschen:* Besitz und sanft, mild oder Schild
Otti Kurz- und Koseform von Ottilie

Ottilie (a) *aus dem Althochdeutschen:* Besitz
Oxana ukrainische Nebenform von Xenia

Pp

Paloma *spanisch:* Taube
Palmira weibliche Form von Palmiro
Pamela englischer Vorname griechischer Herkunft; wahrscheinlich: alles und Gesang
Pamina Name der weiblichen Hauptfigur in Wolfgang Amadeus Mozarts Oper »die Zauberflöte«; Herkunft und Bedeutung ungeklärt; wahrscheinlich aber *aus dem Griechischen:* Vollmondnacht
Panja russische Kurzform verschiedener Vornamen, die mit »-nja« zusammengesetzt sind
Pankrazia auch Pancratia; *griechisch:* die Allmächtige
Paola italienische Form von Paula
Pascale französische weibliche Form von Pascal
Pat Kurz- und Koseform von Patrizia; auch als männlicher Vorname!
Patrizia auch Patricia; *lateinisch:* die Patrizierin
Patsy englische Koseform von Patrizia
Patty englische Koseform von Patrizia
Paula *lateinisch:* die Kleine
Pauletta Koseform von Paula
Paulette französische Koseform von Paula
Pauline erweiterte Form von Paula
Pavla slawische Form von Paula
Pearl englisch-amerikanischer Vorname; *aus dem Lateinischen:* Perle
Peggy auch Peg; englische Koseform von Margarethe
Pepita spanische Lallform von Josepha
Peppi Koseform von Josepha; auch als männlicher Vorname!
Perdita *lateinisch:* die Verlorene, Hoffnungslose
Peregrina weibliche Form von Peregrinus
Perette französische Form von Petra
Pernetta Nebenform von Petronella
Perpetua *lateinisch:* die Beständige
Perry englische Kurzform von Peregrina; oder Kurzform von Pearl; auch als männlicher Vorname!
Petra *griechisch:* die Felsenfeste
Petrina erweiterte Form von Petra

Petrissa weibliche Form von Petrus
Petronella (e) italienische Koseform von Petronia
Petronia weibliche Form von Petronius
Petula englischer Vorname; *vielleicht aus dem Lateinischen:* mutwillig, kess, leichtfertig
Phia Kurzform von Sophia
Phila *griechisch:* lieben
Philine *griechisch:* die Geliebte, die Freundin
Philippa *griechisch:* die Pferdefreundin
Philippine Koseform von Philippa
Philomela (e) *griechisch:* die Freundin des Gesanges, die Nachtigall
Philomena (e) *griechisch:* die Geliebte
Phöbe *griechisch:* die Glänzende, Leuchtende
Phyllis *griechisch:* Blatt, Zweig, Laub
Pia *lateinisch:* die Fromme
Piata erweiterte Form von Pia
Piera weibliche Form von Piero
Pierina italienische erweiterte Form von Piera
Pierrette französische Verkleinerungsform von Perette
Pierrine französische Verkleinerungsform von Perette
Pietje ostfriesische Koseform von Petra
Pilar *spanisch:* Pfeiler, Säule
Pine Kurzform von Philippine
Pippa italienische Koseform von Philippa
Pirkko finnische Form von Brigitte
Piroschka auch Piroska; ungarische Nebenform von Prisca
Placida weibliche Form von Placidus
Placidia italienische Nebenform von Placida
Plektrude *aus dem Althochdeutschen:* Glanz und Kraft, Stärke
Plektrudis Nebenform von Plektrude
Poldi süddeutsche Kurz- und Koseform von Leopoldine; auch als männlicher Vorname!
Polli Kurzform von Apollonia, Leopoldine
Polly englische Koseform von Apollonia oder Leopoldine
Polyxenia *griechisch:* viel und gastfreundlich
Praxedis *griechisch:* die Wohltätige
Preziosa auch Pretiosa; *lateinisch:* die Vortreffliche
Prisca *lateinisch:* alt, ehrwürdig
Priscilla erweiterte Form von Prisca
Priska tschechische Form von Prisca
Prudence französische Form von Prudentia
Prudentia *lateinisch:* die Klugheit, Besonnenheit
Pulcheria *lateinisch:* die Schöne

Rr

Rabea vermutlich aus dem hebräischen »rabja« = ein Mädchen
Rabia türkisch-arabische Nebenform von Rabea
Rachel Nebenform und englische und französische Form von Rahel
Rachil russische Form von Rahel
Rada Kurzform von Vornamen, die mit »Rade-« zusammengesetzt sind
Radegund (e) auch Redegundis; *aus dem Althochdeutschen:* Rat, Ratgeberin und Kampf
Radmilla *südslawisch:* froh und lieb, angenehm?
Raffaela (e) Nebenform von Raphaela
Raffaella italienische Form von Raphaela
Ragna nordische Kurzform von Vornamen, die mit »Ragin-« zusammengesetzt sind, z. B. Ragnhild
Ragnhild nordische Form von Reinhild
Rahel *hebräisch:* Lamm, Schaf
Raimunde (a) auch Reimunde; *aus dem Althochdeutschen:* Rat, Ratschluss und Schutz
Ramona spanische weibliche Form von Ramón
Ranka weibliche Form von Ranko
Rata Kurzform von Radegund
Raphaela *hebräisch:* Gott heilt
Ratburg (a) *aus dem Althochdeutschen:* Rat, Ratgeberin und Schutz
Ratgard *aus dem Althocheutschen:* Rat, Ratgeberin und Schutz
Rathild (e) *aus dem Althochdeutschen:* Rat, Ratgeberin und Kampf
Raunhild Nebenform von Runhild
Raute Kurz- und Koseform von Rautgund
Rautgund (e) *aus dem Althochdeutschen:* Rat, Ratgeberin oder vielleicht Ruhm und Kampf
Rea Name einer Gestalt der griechischen Mythologie
Rebekka auch Rebecca; *hebräisch:* wahrscheinlich »die Bestrickende, die Fesselnde«
Recha Nebenform von Reka
Rega Koseform von Regina
Regel schweizerische Kurzform von Regula
Regina (e) *lateinisch:* die Königin
Reginalda weibliche Form von Reginald
Régine französische Form von Regina
Regiswinda (e) *aus dem Althochdeutschen:* Rat, Beschluss und stark
Reglind (e) auch Reglindis; *aus dem Althochdeutschen:* Rat, Beschluss und sanft, mild
Regula *lateinisch:* die Norm, der Maßstab; vielleicht ursprünglich zu dem althochdeutschen »regin« = Rat, Beschluss

Reilinde Nebenform von Reglinde
Reimara weibliche Form von Reimar
Reimunde andere Form von Raimunde
Reimute weibliche Form von Reimut
Reina ostfriesische Kurzform von Vornamen, die mit »Rein-« zusammengesetzt sind; auch Kurzform von Regina
Reinburga *aus dem Althochdeutschen:* Rat, Beschluss und Schutz
Reingard *aus dem Althochdeutschen:* Rat, Beschluss und Schutz
Reinharde weibliche Form von Reinhard
Reinhardine erweiterte Form von Reinharde
Reinhild (e) *aus dem Althochdeutschen:* Rat, Beschluss und Kampf
Reinholde auch Reinholdis; weibliche Formen von Reinhold
Reinholdine erweiterte Form von Reinholde
Reintje friesische Kurzform von Vornamen, die mit »Rein-« zusammengesetzt sind; auch als männlicher Vorname!
Reintraud (e) auch Reintrud; *althochdeutsch:* Rat und Kraft
Reka *hebräisch:* weich, zart; auch friesische Kurzform von Vornamen, die mit »Red-« zusammengesetzt sind
Rena Kurz- und Koseform von Renate, Irene, Verena
Renate (a) *lateinisch:* die Wiedergeborene
Renée französische Form von Renate
Renette französische Koseform von Renée
Reni Kurz- und Koseform von Renate, Irene, Verena
Renja russische Kurzform von Regina; auch als männlicher Vorname!
Renske auch Renskea; ostfriesische Kurzformen von Vornamen, die mit »Rein-« zusammengesetzt sind
Rentje friesische Kurzform von Renate; auch als männlicher Vorname!
Renza italienische Kurzform von Lorenza
Resi oberdeutsche Kurzform von Therese
Rhea Bedeutung ungeklärt; Name einer Gestalt der griechischen Mythologie
Ria Kurzform von Maria
Rica Kurzform von Erika, Ricarda, Rikarda und Vornamen, die mit »-rike« zusammengesetzt sind
Ricarda spanische Form von Richarda
Riccarda italienische Form von Richarda
Richarda *aus dem Althochdeutschen:* reich, mächtig und hart, stark, kühn
Rika (e) auch Rica, Rikea; Kurzformen von Richarda, Henrike und anderen Vornamen, die mit »-rike« zusammengesetzt sind
Rina Kurzform von Vornamen, die mit »-rina« zusammengesetzt sind

Rita italienische Kurzform von Margarethe
Roberta *aus dem Althochdeutschen:* Ruhm und glänzend
Robertina (e) Verkleinerungsform von Roberta
Robine (a) weibliche Formen von Robin
Rodegard *aus dem Althochdeutschen:* Ruhm und Schutz
Rodehild (e) *aus dem Althochdeutschen:* Ruhm und Kampf
Rolande (a) *aus dem Althochdeutschen:* Ruhm und kühn
Rolfka friesische weibliche Form von Rolf
Rolfkea friesische Nebenform von Rolfka
Roma Kurzform von Romana
Romana *lateinisch:* die Römerin
Romi (y) Kurzformen von Rosemarie
Romika Neubildung aus Rosemarie und Katharina
Rona Kurzform von Corona oder Rowena
Ronny auch Ronnie; englische Kurz- und Koseform von Veronika; oder englische weibliche Form von Ronald; auch als männlicher Vorname!
Rosa *lateinisch:* die Rose
Rosabella *italienisch:* schöne Rose
Rosalia (e) italienische erweiterte Form von Rosa
Rosalinde (a) *aus dem Althochdeutschen:* Ruhm und sanft, mild oder Schild
Rosamunde (a) *aus dem Althochdeutschen:* Ruhm und Schutz
Rosanna italienische Zusammensetzung aus Rosa und Anna oder Rosa und Marianne
Rosaria erweiterte Form von Rosa oder Zusammensetzung aus Rosa und Maria
Rose Nebenform von Rosa
Rosemarie Zusammensetzung aus Rose und Maria
Rosette (a) französische und italienische Verkleinerungsform von Rosa
Rosi oberdeutsche Kurz- und Koseform von Rosa
Rosika ungarische Koseform von Rosa
Rosina (e) *lateinisch:* die Rosenfarbige
Rosita spanische Verkleinerungsform von Rosa
Rossana italienische Form von Roxana
Roswitha auch Hroswitha; *aus dem Althochdeutschen:* Ruhm und Stärke
Rotraud auch Rotraut; Rotrud; *aus dem Althochdeutschen:* Ruhm und Kraft
Rowena englischer Vorname; vielleicht aus dem altenglischen »hreod« = Ruhm und dem germanischen »wini« = Freund
Roxana (e) *aus dem Persischen:* die Glänzende, die Morgenröte
Roxanne Nebenform von Roxana
Rudolfa auch Rudolfine; *aus dem Althochdeutschen:* Ruhm und Wolf

Rufina weibliche Form von Rufinus

Runa (e) Kurzform von Vornamen, die mit »Run-« zusammengesetzt sind

Runhild (e) *aus dem Althochdeutschen:* Geheimnis, Zauber und Kampf

Ruperta weibliche Form von Rupert

Rupertina erweiterte Form von Ruperta

Rut skandinavische Form von Ruth

Ruth *hebräisch:* Freundin, Freundschaft

Ruthild (e) Nebenformen von Rodehild(e)

S

Sabine (a) *lateinisch:* die Sabinerin

Sabrina *aus dem Englischen:* Name einer Flussnymphe

Salinde Kurzform von Rosalinde

Salka slawische Kurzform von Salwija

Sally englische Koseform von Sarah; auch als männlicher Vorname!

Salome *hebräisch:* die Friedsame

Salvina *lateinisch:* die Gerettete, die Unversehrte

Salwa Nebenform von Salvina

Salwija slawischer Vorname; *nach dem Lateinischen:* unversehrt

Samantha amerikanischer Vorname hebräischer Herkunft: die Hörende, die Zuhörerin

Samira arabischer Vorname; ursprünglich: die Unterhalterin

Sandra auch Sandria; Kurzformen von Alexandra

Sandrina (e) Koseformen von Sandra

Sandy englische Koseform von Alexandra; auch als männlicher Vorname!

Sanetra Herkunft und Bedeutung ungeklärt

Sanja russische Kurzform von Alexandra; auch als männlicher Vorname!

Sanna (e, i, y) Kurz- und Koseform von Susanne, Susanna

Saphira *griechisch:* Saphir, Edelstein; ursprünglich *hebräisch:* die Schöne

Sarah auch Sara; *hebräisch:* Fürstin, Herrin

Sarina erweiterte Form von Sarah

Sascha russische Kurzform von Alexandra, auch als männlicher Vorname!

Saskia *niederländisch:* die Sächsin

Scarlett *amerikanisch:* scharlachrot; wahrscheinlicher weibliche Verkleinerungsform von Charles

Schirin *persisch:* die Süße

Scholastika *lateinisch:* die Lernende, Schülerin

Schöntraud *aus dem Althochdeutschen:* schön und Kraft, Stärke

Sebalde weibliche Form von Sebald

Sebastiane *griechisch:* die Ehrwürdige, Erhabene

Sébastienne französische Form von Sebastiane

Sedania Ableitung von dem französischen Ortsnamen Sedan

Segelke niederdeutsche und friesische Kurzform von Vornamen, die mit »Sieg-« zusammengesetzt sind

Selastika Nebenform von Scholastika

Selina (e) englischer Vorname; nach Celina; auch zum griechischen »Selene«, Name der Mondgöttin

Selke niederdeutsche und niederländische Kurzform; Bedeutung ungeklärt

Selma Kurzform von Anselma; auch arabisch-türkische Nebenform von Salome

Senta Kurzform von Kreszentia

Sephora ursprünglich hebräischer Vorname; wahrscheinlich Schönheit

Serafine (a) italienische Nebenformen von Seraphine (a)

Seraphine (a) *hebräisch:* die Brennende, die Feurige

Serena *lateinisch:* die Heitere, Fröhliche

Sergia weibliche Form von Sergius

Severa *lateinisch:* die Strenge, Ernste

Severina (e) weibliche Form von Severin

Sharon englisch-amerikanischer Vorname; wahrscheinlich nach einem biblischen Ortsnamen

Sheila englische Form des irischen Namens Sile

Shirin englische Form von Schirin

Shirley englischer Vorname; ursprünglich Ortsname; aus dem altenglischen »scirleah« = von der leuchtenden Wiese

Sibille Nebenform von Sibylle

Sibyl englische Form von Sibylle

Sibylle (a) Vorname griechischer Herkunft: die Prophetin, die Seherin

Sida Kurz- und Koseform von Sidonia

Sidoine französische Form von Sidonia

Sidonia (e) *lateinisch:* die Frau aus Sidon

Siegfriede weibliche Form von Siegfried

Sieglinde auch Sigelind; *aus dem Althochdeutschen:* Sieg und sanft, mild oder Schild

Siegrid Nebenform von Sigrid

Siegrun Nebenform von Sigrun

Siegtraud *aus dem Althochdeutschen:* Sieg und Stärke

Siegtrud Nebenform von Siegtraud
Sieke niederdeutsch-friesische Kurzform von Vornamen, die mit »Sieg-« zusammengesetzt sind
Sigi auch Siggi; Kurz- und Koseformen von Vornamen, die mit »Sieg-« oder »Sig-« zusammengesetzt sind; auch als männlicher Vorname!
Sigismunde (a) weibliche Form von Sigismund
Sigmunde Nebenform von Sigismunde
Signe nordischer Vorname; ursprünglich *aus dem Althochdeutschen:* Sieg
Sigrid *aus dem Althochdeutschen:* Sieg und schön
Sigrun *aus dem Althochdeutschen:* Sieg und Geheimnis, Zauber
Sigune Kurzform von Vornamen, die mit »Sieg-« zusammengesetzt sind; oder aus dem altisländischen »sigr« = Sieg und »unn« = Welle
Sile irische Kurzform von Cäcilie
Silja finnische und schwedische Dialektform von Cäcilie
Silje ostfriesische Kurzform von Cäcilie
Silke (a) auch Sylke; schwedische und niederdeutsche Kurzformen von Cäcilie
Silva schwedische und tschechische verkürzte Form von Silvia
Silvana italienische weibliche Form von Silvano
Silvelin Koseform von Silvia oder Silva
Silvetta italienische Form von Silvia
Silvette französische Form von Silvia
Silvia auch Sylvia; vom lateinischen »silva« = Wald
Silvina erweiterte Form von Silvia
Simona italienische weibliche Form von Simon
Simone französische weibliche Form von Simon; auch als männlicher Vorname!
Simonetta italienische Koseform von Simona
Simonette französische Koseform von Simone
Sina Kurzform von Vornamen, die mit »-sina« zusammengesetzt sind, z. B. Gesina oder Rosina
Sinah englische Form von Sina
Sinja Kurzform von Gesine
Siri schwedische Kurzform von Sigrid
Sirii finnische Form von Sigrid
Sirin Nebenform von Sirii
Sirun Kurzform von Sigrun
Siska schwedische Kurzform von Franziska
Sissa (i) schwedische Kurzformen von Cäcilie
Sissy Kurz- und Koseform von Elisabeth
Sitta Kurz- und Koseform von Sidonie
Siw (f, v) *nordisch:* Verwandte, Braut, Ehefrau; auch Kurzform von Elisabeth

Sixta *griechisch:* die Feine, Glatte

Sixtina erweiterte Form von Sixta

Slavka slawische Kurzform von Vornamen, die mit »-slava« zusammengesetzt sind

Sofia (e) Nebenform von Sophia (e)

Solveig *norwegisch:* Haus, Saal und Kampf

Sondra amerikanischer Vorname; wahrscheinlich von Alexandra abgeleitet

Sonia Nebenform von Sonja

Sonja russische Koseform von Sophia

Sonngard Zusammensetzung aus Sonne und dem althochdeutschen »gard« = Schutz

Sophia (e) *griechisch:* die Weisheit

Soraya *persisch:* wohl, gut und König, Reich

Stanislawa weibliche Form von Stanislaw

Stanze (i) auch Stanzerl; Kurz- und Koseformen von Konstanze

Stefanie auch Stefania, Stephanie; *griechisch:* Krone, Kranz

Steffi Kurz- und Koseform von Stefanie; auch als männlicher Vorname!

Stella *lateinisch:* Stern

Stephanie Nebenform von Stefanie

Stine (a) friesische Kurzform von Augustine, Christine oder Ernestine

Su Kurzform von Susanne

Sue englische Kurzform von Susanne

Sulamith *hebräisch:* die Friedliche

Suleika *arabisch:* die Verführerin

Susan englische Form von Susanne

Susanka slawische Kurzform von Susanne

Susanne (a) *hebräisch:* die Lilie

Suse (a, i, y) Kurz- und Koseformen von Susanne

Susette auch Suzette; französische Koseformen von Susanne

Suzanne französische Form von Susanne

Svea schwedischer Vorname; Personifizierung Schwedens

Svenja weibliche Form von Sven

Svetlana Nebenform von Swetlana

Swantje auch Swaantje; friesische Kurz- und Koseformen von Vornamen, die mit »Swan-« zusammengesetzt sind

Swetlana *russisch:* hell

Sybil englische Form von Sibylle

Sylvaine französische weibliche Form von Silvan

Sylvana Nebenform von Silvana

Sylvia Nebenform von Silvia

Sylviane erweiterte Form von Sylvia

Sylvianne erweiterte Form von Sylvia

Syra vermutlich: die Syrerin

Syrina vermutlich erweiterte Form von Sirin

Tt

Tale auch Taleja; niederdeutsch-ostfriesische Kurzformen von Adelheid

Talida friesische Kurzform von Vornamen, die mit »Diet-« zusammengesetzt sind; auch zu Talitha

Taline Nebenform von Talida

Talitha *hebräisch:* Mädchen

Tamara russischer Vorname; aus dem hebräischen »tamar« = Palme

Tamina weibliche Form von Tamino

Tania romanisierte Nebenform von Tanja

Tanja russische Kurz- und Koseformen von Tatjana

Tasja russische Kurzform von Anastasia

Tatiana latinisierte Nebenform von Tatjana

Tatjana russischer Vorname; vermutlich vom lateinischen »Tatianus« = Name eines Sabinerkönigs

Teida ostfriesische Kurzform von Adelheid

Teresa englische, italienische und spanische Form von Therese

Terezie tschechische Form von Therese

Terka ungarische Form von Therese

Terry amerikanische Kurz- und Koseform von Therese

Terzia auch Tertia; *lateinisch:* die Dritte

Tessa auch Tess, Tessy; englische Kurzformen von Therese

Tetje friesische Kurzform von Vornamen, die mit »Diet-« zusammengesetzt sind; auch als männlicher Vorname!

Thea auch Tea; Kurzformen von Dorothea oder Theodora,

Theamaria Zusammensetzung aus Thea und Maria

Theda niederdeutsch-ostfriesische Kurzform von Adelheid

Theite Nebenform von Teida

Thekla *griechisch:* Gott und Ruhm; auch Kurzform von Theodora

Theoda Kurzform von Vornamen, die mit »Theo-« zusammengesetzt sind

Theodora (e) *griechisch:* Geschenk Gottes

Theodosia *griechisch:* Gottesgabe

Theophila weibliche Form von Theophil

Thérès französische Form von Therese

Therese (a) auch Theres, Theresia; *griechisch:* die Frau von der Insel Thera

Theresina erweiterte Form von Theresa

Thery Kurzform von Therese

Thesi auch Thesy; Kurzformen von Therese

Thilde auch Tilde; Kurzformen von Mathilde

Thirza Nebenform von Tirza

Thomasia weibliche Form von Thomas
Thomine weibliche Form von Thomas
Thona Kurz- oder auch Koseform von Antonia
Thora auch Tora; nordische Vornamen; Kurzformen von Vornamen, die mit »Thor-« zusammengesetzt sind
Thorina erweiterte Form von Thora
Thusnelda Name der Frau des Arminius; wahrscheinlich *aus dem Althochdeutschen:* Riese und Kampf
Thymiane nach dem Pflanzennamen
Thyra schwedischer Vorname; latinisierte Form eines altschwedischen Namens, gebildet aus: Thor und Kampf
Tiada friesische Form von Vornamen, die mit »Diet-« zusammengesetzt sind
Tiana Kurzform von Christiana
Tibeta ostfriesische Form von Dietberga oder Dietburg
Tibetha Nebenform von Tibeta
Tilde Kurzform von Mathilde
Till Kurz- und Koseform von Mathilde oder Ottilie; auch als männlicher Vorname!
Tilla (i, y) Kurz- und Koseformen von Mathilde oder Ottilie
Tilse niederdeutsch-friesische Koseform von Elisabeth
Tina (e, i) Kurz- und Koseform von Vornamen, die mit »-tina, -tine« zusammengesetzt sind
Tinette französische Koseform von Tina
Tinka Kurz- und Koseform von Katinka
Tirza *hebräisch:* Liebreiz
Titine französische Koseform von Christine
Tizia auch Titia; Kurzformen von Lätitia; auch italienische Kurzform von Tiziana
Tiziana italienische weibliche Form von Titianus
Tjada friesische Kurzform von Vornamen, die mit »Diet-« zusammengesetzt sind
Tjadina erweiterte Form von Tjada
Toni (y) Kurz- und Koseform von Antonia; auch als männlicher Vorname!
Tonja russische Kurzform von Antonia
Topsy ostfriesische Kurzform von Vornamen, die mit »Tob-« zusammengesetzt sind
Tosca *italienisch:* die Toskanerin
Toska eingedeutschte Form von Tosca
Tosja russische Kurzform von Antonina
Tove dänische Kurzform von Vornamen, die mit »Tor-« zusammengesetzt sind; im Schwedischen auch als männlicher Vorname!
Traude (i) auch Traudel; Kurz- und Koseformen von Vornamen, die mit »-traud« zusammengesetzt sind

Traudhild (e) *aus dem Althochdeutschen:* Stärke und Kampf

Traute (i) auch Trautel; Kurz- und Koseformen von Vornamen, die mit »-traut« zusammengesetzt sind

Tressa englische Kurzform von Therese

Trina (e) Kurz- und Koseform von Katharina

Trinette Verkleinerungsform von Trine

Trinidad *spanisch:* Dreieinigkeit

Trix (a, i) Kurz- und Koseformen von Beatrix

Trude (i) Kurzformen von Gertrud

Trudhild (e) Nebenformen von Traudhild (e)

Tulla (e) Kurz- und Koseform von Ursula

Turandot *keltisch:* wahrscheinlich: spröde

Tyra Nebenform von Thyra

U u

Uda friesische Kurzform von Vornamen, die mit »Ud-« zusammengesetzt sind

Udele ältere Nebenform von Adele

Ula Nebenform von Ulla

Uli auch Ulli; Koseformen von Ulrike und Ursula; auch als männlicher Vorname!

Ulita russische Form von Julietta

Ulitta Nebenform von Ulita

Uljana russische Form von Juliane

Ulla (i) Kurzform von Ursula; Ulli auch als männlicher Vorname!

Ulla-Britt schwedische Zusammensetzung aus Ulla und Britt

Ulrika Nebenform von Ulrike

Ulrike *aus dem Althochdeutschen:* Erbgut, Heimat und reich, mächtig

Ultima *lateinisch:* die letzte (Tochter)

Una englischer Vorname; Bedeutung ungeklärt; vielleicht vom lateinischen »una« = die Einzige

Undine *lateinisch:* die Nixe, die Welle

Urania *griechisch:* Himmel

Urd (a) schwedischer Vorname; altnordischer Name einer germanischen Schicksalsgöttin

Urmina niederländische Nebenfom von Hermine

Ursel oberdeutsche Kurzform von Ursula

Ursine (a) *lateinisch:* die Bärin; auch Nebenform von Ursula

Ursola spanische Form von Ursula

Ursula *lateinisch:* die kleine Bärin

Ursulane auch Ursuline; erweiterte Formen von Ursula

Urte vermutlich litauische Kurzform eines aus dem Deutschen übernommenen Namens, z. B. Ortrud; oder baltische Kurzform von Dorothea; oder baskische Form von Ruth

Uschi Koseform von Ursula

Ute (a) hochdeutsche Form von Oda

Utta Nebenform von Uta

V

Valborg nordische Form von Walburg

Valenta *lateinisch:* gesund, kräftig

Valentine (a) erweiterte Formen von Valenta

Valeriane (a) erweiterte Form von Valerie

Valerie (a) *lateinisch:* aus dem Geschlecht der Valerier; auch: gesund, kräftig

Valeska polnische Form von Valeria

Valli Nebenform von Walli

Vanda italienische und schwedische Form von Wanda

Vanessa englischer Vorname; eigentlich Name einer Schmetterlingsgattung; oder gebildet von J. Swift in seinem Gedicht »Cadenus und Vanessa«

Vania romanische Form von Vanja

Vanja slawischer Vorname; Bedeutung ungeklärt; in Schweden als weibliche Form von Ivan aufgefasst; auch als männlicher Vorname!

Vanna italienische Kurzform von Giovanna

Vaubourg französische Form von Walburg

Ve Kurz- und Koseform von Genoveva

Vefa Kurz- und Koseform von Genofeva

Veneta Nebenform von Venetia

Venetia *lateinisch:* die aus Venedig Stammende

Vera auch Wera; *russisch:* der Glaube

Veramaria Zusammensetzung aus Vera und Maria

Vérène französische Form von Verena

Verena *vielleicht aus dem Lateinischen:* die Zurückhaltende, sich Scheuende
Verna weibliche Form von Verner
Verona(e) Kurzform von Veronika
Veronika *griechisch:* die Siegbringende
Véronique französische Form von Veronika
Veruschka russische Koseform von Vera
Vesta *lateinisch:* Name der römischen Göttin des Herdfeuers
Veva (i) Koseformen von Genoveva
Vibeke dänische Form von Wibke
Vicki (y) Kurz- und Koseformen von Viktoria
Victorine französische Form von Viktoria
Vida Bedeutung ungeklärt; vielleicht weibliche Kurzform von David; auch als männlicher Vorname!
Vidette englische erweiterte Form von Vida
Viki Nebenform von Vicki
Viktoria auch Victoria; *lateinisch:* Name der Siegesgöttin
Viktorine (a) erweiterte Form von Viktoria
Vilja *ungarisch;* ursprünglich finnischer Frauenname: Reichtum, Güte
Vilma ungarische und litauische Form von Wilma
Vincenta auch Vincentia, Vinzentia; *lateinisch:* die Siegerin
Vineta bulgarische Nebenform von Venetia
Vinzentine erweiterte Form von Vinzenta
Viola *lateinisch:* das Veilchen
Violet englische Form von Viola
Violetta italienische Form von Viola
Virginia (e) *lateinisch:* aus dem Geschlecht der Verginier; auch die Jungfräuliche
Vita Kurzform von Viktoria
Viv englische Kurzform von Viviane
Viveka schwedische Nebenform von Vivica
Viviane (a) *lateinisch:* die Lebensvolle
Vivica schwedische Form von Vibeke
Vivien englische Form von Viviane
Vivienne französische Form von Viviane
Vladislavka polnische weibliche Form von Wladimir
Vlaska polnische Nebenform von Valeska
Vola friesische Kurz- und Koseform von Vornamen, die mit »Volk-« zusammengesetzt sind
Volkhild (e) *aus dem Althochdeutschen:* Volk und Kampf
Volla Nebenform von Vola
Vollina ostfriesische Kurzform von Vornamen, die mit »Volk-« zusammengesetzt sind
Vreda niederdeutsche Form von Frieda

Vreni oberdeutsche Kurz- und Koseform von Verena

Vroni oberdeutsche Kurz- und Koseform von Veronika

W

Wala Kurzform von Walburga

Walburg (a) *aus dem Althochdeutschen:* walten, herrschen und Schutz

Walda Kurzform von Vornamen, die mit »Wald-« zusammengesetzt sind

Waldburga Nebenform von Walburga

Waldtraud Nebenform von Waltraud

Walli (y) Kurz- und Koseform von Walburg, Valerie oder Valentine

Walpurga Nebenform von Walburga

Waltraud auch Waltraut, Waltrud; *aus dem Althochdeutschen:* walten, herrschen und Kraft, Stärke

Waltrun (e) *aus dem Althochdeutschen:* walten, herrschen und Geheimnis, Zauber

Wanda slawischer Vorname; die Wendin, die Sorbenfrau

Wandula Nebenform von Wanda

Warenka russische Koseform von Barbara

Warja russische Kurzform von Barbara

Weda auch Wedis; ostfriesische Kurzform von Vornamen, die mit »Wed-« oder »Wig-« zusammengesetzt sind

Wega (e) friesische Kurzform von Vornamen, die mit »Wig-« zusammengesetzt sind

Weike friesische weibliche Kurzform von Wighard; auch als männlicher Vorname!

Welda Nebenform von Walda; oder Kurzform von Vornamen, die mit »Wil-« zusammengesetzt sind

Wella Herkunft und Bedeutung ungeklärt

Wencke norwegischer Vorname; zu niederdeutsch Weneke

Wendelburg *aus dem Althochdeutschen:* aus dem Stamm der Wandalen und Schutz

Wendelgard *aus dem Althochdeutschen:* aus dem Stamm der Wandalen und Schutz

Wendi (y) Kurz- und Koseform von Vornamen, die mit „Wendel-« zusammengesetzt sind

Wendula Nebenform von Wanda

Weneke niederdeutsch-friesische weibliche Kurzform von Wenemar

Wera Nebenform von Vera

Wetti Koseform von Barbara

Wiba ostfriesische Kurzform von Vornamen, die mit »Wib-« oder »Wig-« zusammengesetzt sind

Wibke auch Wiebke; friesische Kurzformen von Vornamen, die mit »Wig-« zusammengesetzt sind

Wieka Kurzform von Ludowika

Wieke Nebenform von Wieka

Wiesche friesische Koseform von Luise

Wiete friesische Kurzform von Vornamen, die mit »Wig-« zusammengesetzt sind

Wigburg (a) *aus dem Althochdeutschen:* Kampf und Schutz, Zuflucht

Wika Nebenform von Wieka

Wilburg *aus dem Althochdeutschen:* Wille und Schutz, Zuflucht

Wilfriede (a) weibliche Formen von Wilfried

Wilgard *aus dem Althochdeutschen:* Wille und Schutz

Wilhelma *aus dem Althochdeutschen:* Wille und Helm

Wilhelmine (a) erweiterte Form von Wilhelma

Wilja auch Willa; Kurzformen von Vornamen, die mit »Wil-« zusammengesetzt sind

Wilma Kurzform von Wilhelma, Wilhelmine

Wiltraud auch Wiltrud; *aus dem Althochdeutschen:* Wille und Kraft, Stärke

Wina Kurzform von Winfrieda oder Lidwina

Winfrieda (e) *aus dem Althochdeutschen:* Freundin und Friede

Winifred englischer Vorname keltischer Herkunft; auch angelehnt an Winfrieda

Winnie englische Kurzform von Winifred

Wintrud (e) *aus dem Althochdeutschen:* Freund und Kraft, Stärke

Wisa Koseform von Aloisia

Wise Koseform von Aloisia und Luise

Witta weibliche Form von Witte; oder Nebenform von Wiete

Wübke ostfriesische Nebenform von Wibke

Xx

Xandra Kurzform von Alexandra

Xaveria weibliche Form von Xaver

Xaverine erweiterte Form von Xaveria

Xenia *griechisch:* die Gastfreundliche; auch Nebenform von Polyxenia

Xenja Nebenform und russische Form von Axinja

Y y

Yara Nebenform von Jara
Yasmin (a, e) Nebenform von Jasmin
Yola Kurzform von Yolanda
Yolanda auch Yolanthe, Jolanda, Jolanthe; *griechisch:* Veilchen
Yvette weibliche Form von Yves
Yvonne auch Ivonne; weibliche Formen von Yvo

Z z

Zahide weibliche Form von Zahit
Zalona weibliche Form von Zalo
Zara (h) Nebenform von Sarah
Zäcilia auch Zäzilie; Nebenformen von Cäcilie
Zarina bulgarische weibliche Form von Zarin
Zdenka tschechische Form von Sidonia
Zelda englische Kurzform von Griselda
Zella auch Cella; Kurz- und Koseformen von Marcella
Zenta Kurzform von Innozentia, Vinzenta oder Kreszentia
Zenzi Kurzform von Kreszentia
Zerline Herkunft und Bedeutung ungeklärt
Zilla (i, y) Kurz- und Koseformen von Cäcilie
Zinnia englischer Vorname; nach dem Blumennamen Zinnie
Ziska Kurzform von Franziska
Zissi (y) auch Cissi; Kurz- und Koseformen von Franziska
Zita *italienisch:* die Hurtige; auch Kurzform von Felizitas
Zitta Nebenform von Zita
Zoe *griechisch:* das Leben
Zofia polnische Form von Sophie
Zölestina Nebenform von Cölestina
Zuleika Nebenform von Suleika

Jungennamen von A bis Z

Namen – damit hat es eine sehr
mysteriöse Bewandtnis.
Ich bin mir nie ganz klar
darüber geworden,
ob der Name sich nach dem Kinde
formt oder sich das Kind verändert,
um zum Namen zu passen.

JOHN STEINBECK,
JENSEITS VON EDEN

Aa

Aaron *hebräisch:* der Erleuchtete
Abbo auch Abo; Kurzformen von Adalbero oder Adalbert
Abel *hebräisch:* der Hauch, die Vergänglichkeit
Abraham *hebräisch:* erhabener Vater; Vater der Menge
Absalom *hebräisch:* Vater des Friedens
Absalon Nebenform von Absalom
Achill (es) *griechisch;* Bedeutung ungeklärt; vielleicht Herkunftsname zu Achilleion, einem Schloss auf Korfu
Achim Kurzform von Joachim
Achmed auch Ahmed; *arabisch:* preiswürdig, lobenswert
Adalar Nebenform von Adelar
Adalbald *aus dem Althochdeutschen:* edel und kühn
Adalbero *aus dem Althochdeutschen:* edel und Bär
Adalbert auch Adelbert, Adelbrecht; *aus dem Althochdeutschen:* edel und glänzend
Adalbrand auch Adelbrand, Aldebrand; *aus dem Althochdeutschen:* edel und Brand, Schwert
Adalbrecht Nebenform von Adalbert
Adaldag *aus dem Althochdeutschen:* edel und Tag
Adalfried *aus dem Althochdeutschen:* edel und Friede
Adalgar Nebenform von Adalger
Adalger *aus dem Althochdeutschen:* edel und Speer
Adalhard auch Adelhard; *aus dem Althochdeutschen:* edel und stark
Adalmar *aus dem Althochdeutschen:* edel und berühmt
Adalrich *aus dem Althochdeutschen:* edel und reich, mächtig
Adalrik Nebenform von Adalrich
Adalwig *aus dem Althochdeutschen:* edel und Kampf
Adalwin auch Adelwin; *aus dem Althochdeutschen:* edel und Freund
Adam *hebräisch:* Mensch, der von der Erde Genommene
Addo auch Ado; Kurzformen von Vornamen, die mit »Adal-«, »Adel-« oder »Ad-« zusammengesetzt sind
Adelar auch Adolar; *aus dem Althochdeutschen:* edel und Adler
Adeldag Nebenform von Adaldag
Adelmar Nebenform von Adalmar
Adi auch Adje; Kurzformen von Adolf
Adolar auch Adelar; *aus dem Althochdeutschen:* edel und Adler
Adolf auch Adolph; *aus dem Althochdeutschen:* edel und Wolf
Adrian auch Adriaen; *aus dem Lateinischen:* der aus der Stadt Adria
Adrien französische Form von Adrian
Affonso portugiesische Form von Alfons

Ägid auch Ägidius; *griechisch:* der Schildhalter
Agilbert auch Eilbert; *aus dem Althochdeutschen:* Spitze, Schneide und glänzend
Agilhard auch Eilhard; *aus dem Althochdeutschen:* Spitze, Schneide und hart, stark, kühn
Ägilius ältere Form von Ägidius
Agilo Kurzform von Vornamen, die mit »Agil-« zusammengesetzt sind
Agilolf auch Agilulf; *aus dem Althochdeutschen:* Spitze, Schneide und Wolf
Agimar auch Agilmar; *aus dem Althochdeutschen:* Spitze, Schneide und berühmt
Agimund *aus dem Althochdeutschen:* Spitze, Schneide und Schutz
Ago (e) Kurzform von Vornamen, die mit »Agil-« zusammengesetzt sind
Agricola *lateinisch:* Bauer
Ahasver *hebräisch:* Hauptkönig, Großkönig, Löwenkönig
Aichard Nebenform von Einhard
Aigolf Nebenform von Agilolf
Aiko Nebenform von Heiko
Aimé französische Form von Amatus
Akim russische Form von Joachim
Alain französische Form von Alan
Alan englischer Vorname keltischer Herkunft; wahrscheinlich vom lateinischen »alanus« = Alane (Stamm zu Völkerwanderungszeit)
Alard Kurzform von Adalhard
Alban *lateinisch:* aus der Stadt Alba
Alberich *aus dem Althochdeutschen:* Elf, Naturgeist und reich, mächtig
Albero Kurzform von Adalbero
Albert Kurzform von Adalbert
Alberto italienische Form von Albert
Albin auch Albwin; *aus dem Althochdeutschen:* Elf, Naturgeist und Freund; *lateinisch:* der Weiße
Albrecht Kurzform von Adalbrecht
Aldag Kurzform von Adaldag
Alderich Nebenform von Adalrich
Aldo italienische Kurzform von Adalbrand
Aldous englischer Vorname; wörtlich etwa: der aus dem alten Haus
Alec englische Kurzform von Alexander
Alessandro italienische Form von Alexander
Alex Kurzform von Alexander
Alexander *griechisch:* der Schützende, der Verteidiger
Alexandre französische Form von Alexander
Alexandros neugriechische Form von Alexander
Alexej russische Form von Alexander
Alexis auch Alexius; *griechisch:* Hilfe, Abwehr; Kurzform von Alexandros
Alf Kurzform von Alfred oder Adolf
Alfons *aus dem Althochdeutschen:* Kampf und bereit

Alfonso italienische Form von Alfons
Alfred *angelsächsisch:* Elf, Naturgeist und Rat, Ratgeber
Alfried Kurzform von Adalfried
Alger Kurzform von Adalger
Ali *arabisch:* der Erhabene; auch Kurzform von Vornamen, die mit »Al-« oder »Adel-« zusammengesetzt sind
Aljoscha russische Koseform von Alexander
Alkuin *aus dem Althochdeutschen:* Heiligtum und Freund
Alkwin Nebenform von Alkuin
Allan Nebenform von Alan
Allard auch Alhard; Kurzform von Adalhard
Alois auch Aloys, Aloisius; *aus dem Althochdeutschen:* sehr weise, klug
Alon *hebräisch:* Eiche
Alonso spanische Form von Alfons
Alrich Kurzform von Adalrich
Alrik niederdeutsche Kurzform von Adalrich
Alto Kurzform von Vornamen, die mit »Adal-« oder »Alde-» oder »Adal-« zusammengesetzt sind
Alvar *schwedisch:* Elf, Naturgeist und Heer
Alwin Kurzform von Adalwin
Alwis *aus dem Althochdeutschen:* sehr weise, klug; Vorform von Alois
Amadeo italienische Form von Amadeus
Amadeus *lateinisch:* liebe Gott!
Amandus *lateinisch:* der Liebenswerte
Amarin *lateinisch:* das Meer betreffend
Amatus *lateinisch:* der Geliebte
Ambrogio italienische Form von Ambrosius
Ambroise französische Form von Ambrosius
Ambrosius *griechisch:* der Unsterbliche, der Göttliche
Amédé französische Form von Amadeus
Amelios *griechisch:* der Sorgenfreie
Ammon amerikanischer Vorname von dem hebräischen »ammon« = eigenständig
Amon griechischer Name des ägyptischen Sonnengottes
Amos *hebräisch:* der von Gott Getragene, der Beladene
Anastas *griechisch:* der Auferstandene
Anastasio italienische Form von Anastas
Anastasius lateinische Form von Anastas
Anatol *griechisch:* der aus Anatolien, dem Land, in dem die Sonne aufgeht (Anatolien)
Anders Kurzform oder skandinavische Form von Andreas
Andi Koseform von Andreas
Andor ungarische Nebenform von András
András ungarische Form von Andreas

André französische Form von Andreas
Andreas *griechisch:* der Mannhafte
Andrej slawische Form von Andreas
Andrew englische Form von Andreas
Angelino italienische Verkleinerungsform von Angelo
Angelo italienische Form von Angelus
Angelus *griechisch-lateinisch:* der Bote Gottes, Engel
Anno Kurzform von Vornamen, die mit »Arn-« zusammengesetzt sind; auch latinisierte Form von Hanno
Ansbert *aus dem Althochdeutschen:* Gott und glänzend
Anselm auch Anshelm; *aus dem Althochdeutschen:* Gott und Helm
Ansgar *aus dem Althochdeutschen:* Gott und Speer
Antal ungarische Form von Anton
Antek slawische Koseform von Anton
Anthony englische Form von Anton
Antoine französische Form von Anton
Anton auch Antonius; Name der altrömischen Familie Antonia
Antonio italienische Form von Anton
Apollonius *lateinisch, nach dem Griechischen:* dem Gott Apoll geweiht
Aquilin *lateinisch:* Adler
Arend Kurzform von Arnold
Aribert französische Form von Herbert
Arik Kurzform verschiedener russischer Vornamen
Arild dänische Form von Arnold
Aristid auch Aristide; französischer Vorname griechischer Herkunft: Bester, Vornehmster und Ansehen, Gestalt
Armand französische Form von Hermann
Armando italienische Form von Hermann
Armin Kurzform von Arminius
Arminius latinisierte Form von einem Vornamen, der mit »Irmin-« zusammengesetzt ist
Arnaud französische Form von Arnold
Arndt auch Arnd; Kurzformen von Arnold
Arne nordische Kurzform von Vornamen, die mit »Arn-« zusammengesetzt sind
Arnfried *aus dem Althochdeutschen:* Adler und Friede
Arnke Koseform von Arnold und anderen Vornamen, die mit »Arn-« zusammengesetzt sind
Arno Kurzform von Vornamen, die mit »Arn-« zusammengesetzt sind
Arnold *aus dem Althochdeutschen:* Adler und herrschen, walten
Arnoldo italienische Form von Arnold
Arnoul französische Form von Arnulf
Arnulf *aus dem Althochdeutschen:* Adler und Wolf

Aron Nebenform von Aaron
Arpad *ungarisch:* Name eines Madjarengroßfürsten
Artur auch Arthur; *keltisch:* Bär?
Arturo italienische Form von Artur
Arwed auch Arvid; *skandinavisch:* Adler und weit oder Wald
Asmus Kurzform von Erasmus
Athanasius *griechisch:* der Unsterbliche
Attila *gotisch:* Väterchen
Aubert französische Form von Adalbert
August auch Augustus; *lateinisch:* der Erlauchte, Erhabene
Auguste französische Form von August
Augustin erweiterte Form von Augustus
Aurel nach dem römischen Geschlechternamen Aurelius; zum lateinischen »aureolus« = golden
Austen niederdeutsche Kurzform von Augustin
Axel dänisch-schwedische Kurzform von Absalom; auch durch Konsonantenumstellung entstandene Nebenform von Alex

Bb

Bado *nordisch:* Kämpfer
Balcer polnische Form von Balthasar
Balder Nebenform von Baldur
Baldewin *aus dem Althochdeutschen:* kühn und Freund
Baldo friesische Kurzform von Vornamen, die mit »Bald-« zusammengesetzt sind
Balduin niederdeutsche und niederländische Form von Baldewin
Baldur nordischer Gott des Lichtes
Baldus Kurzform von Sebaldus
Balko Kurzform von Balduin oder Baldewin
Balthasar *hebräisch:* Gott (Baal) beschütze sein Leben!
Baptist *griechisch:* Täufer
Baptiste französische Form von Baptist
Bardo Kurzform von Bardolf
Bardolf auch Bardulf; *aus dem Althochdeutschen:* Streitaxt und Wolf
Barnabas *aramäisch-hebräisch:* Sohn des Trostes
Barnd niederdeutsche und friesische Kurzform von Bernd
Barnet mittelenglische Form von Bernhard
Barthel auch Bartel; Kurzformen von Bartholomäus

Barthold Nebenform von Berthold

Bartholomäus *aramäisch:* Sohn des Tolmai

Bartholomew englische Form von Bartholomäus

Bartolo Kurzform von Bartholomäus

Bartolomeo italienische und spanische Form von Bartholomäus

Bartosz ungarische Form von Bartholomäus

Baruch *hebräisch:* der Gesegnete

Basil Kurzform von Basilius

Basilio italienische und spanische Form von Basilius

Basilius *griechisch:* König

Basko *russisch:* schön

Bast Kurzform von Sebastian

Bastian Kurzform von Sebastian

Bastien französische Form von Bastian

Battista italienische Form von Baptist

Baudouin französische Form von Balduin

Beatus *lateinisch:* der Glückliche

Béla ungarische Kurzform von Adalbert; oder Koseform zum ungarischen »bél« = Herz

Belsazar Nebenform von Balthasar

Ben *hebräisch:* der Sohn; auch Kurzform von Benjamin; auch friesische Kurzform von Bernhard

Benedetto italienische Form von Benedikt

Bendix friesische Kurzform von Benedikt

Bénédict französische Form von Benedikt

Benedicto spanische Form von Benedikt

Benedikt auch Benediktus; *lateinisch:* der Gesegnete

Bengt schwedische Form von Benedikt

Beniamino italienische Form von Benjamin

Benito spanische und italienische Kurzform von Benedikt

Benjamin *hebräisch:* Sohn der rechten (d. h. der glücklichen) Seite, Glückskind

Bennet (t) englische Kurzform von Benedikt

Benno Kurzform von Vornamen, die mit »Bern-« zusammengesetzt sind; auch Kurzform von Benjamin, Benedikt

Benny englische Kurz- und Koseform von Benjamin

Benvenuto *italienisch:* der Willkommene

Beppo italienische Kurz- und Koseform von Giuseppe

Bernard englische und französische Form von Bernhard

Bernardo italienische Form von Bernhard

Bernd Kurzform von Bernhard

Bernfried *aus dem Althochdeutschen:* Bär und Friede

Bernhard *aus dem Althochdeutschen:* Bär und stark

Bernhardin erweiterte Form von Bernhard

Bernie Kurzform von Bernhard

Bernward *aus dem Althochdeutschen:* Bär und Hüter
Bero Kurzform von Vornamen, die mit »Ber(n)-« zusammengesetzt sind
Bert Kurzform von Vornamen, die mit »Bert-« oder »-bert« zusammengesetzt sind
Bertel Kurzformen von Vornamen, die mit »Bert-« oder »-bert« zusammengesetzt sind; auch als weiblicher Vorname!
Bertes Koseform von Hubert, Robert, Rupert
Berthold auch Bertold, Bertolt; *aus dem Althochdeutschen:* glänzend und walten, herrschen
Berti Koseform von Vornamen, die mit »Bert-« oder »-bert« zusammengesetzt sind
Bertil schwedische Kurzform von Bertilo
Bertilo alte Koseform von Vornamen, die mit »Bert-« zusammengesetzt sind
Berto Kurzform von Vornamen, die mit »Bert-« zusammengesetzt sind
Bertram *aus dem Althochdeutschen:* glänzend und Rabe
Bertrand *aus dem Althochdeutschen:* glänzend und Schild; auch englische und französische Form von Bertram
Bertrando italienische Form von Bertram und Bertrand
Bill englische Kurzform von William; auch als weiblicher Vorname!
Billfried *aus dem Althochdeutschen:* Schwert und Friede
Billhard *aus dem Althochdeutschen:* Schwert und hart, stark, kühn
Billo Kurzform von Vornamen, die mit »Bill-« zusammengesetzt sind
Billy englische Koseform von Bill
Birger *skandinavisch:* Helfer, Schützer
Birk alemannische Kurzform von Burkhard
Bjarne nordische Nebenform von Björn
Bjarni isländische Form von Björn
Björn *schwedisch:* der Bär
Blaise französische Form von Blasius
Blasius wahrscheinlich nach dem griechischen »Basilios« = der Königliche
Bo *dänisch und schwedisch:* der Sesshafte
Bob englische Kurzform von Robert
Bobby englische Koseform von Robert
Bodo Kurzform von Vornamen, die mit »Bod-«, »Bode-« oder »Bot-« zusammengesetzt sind
Bodomar auch Bodmar; *aus dem Althochdeutschen:* Gebieter und berühmt
Bogdan *aus dem Slawischen:* das Gottesgeschenk
Bogislaw auch Boguslaw; *slawisch:* Gott und Ruhm
Bogumil *slawisch:* Gott und lieb, angenehm
Bohumil tschechische Form von Bogumil

Bohumír tschechische Form von Gottfried

Boie auch Boi, Boje, Boy; friesische Kurzformen von Vornamen, die mit »Bod-« zusammengesetzt sind

Bojan *slawisch:* Barde

Bonaventura *lateinisch:* gute Zukunft

Bonifatius auch Bonifaz; *lateinisch:* der gutes Geschick Verheißende; umgedeutet zu: Gutes tun

Borchard niederdeutsche Form von Burkhard

Boris Kurzform von Borislaw

Borislaw *slawisch:* Kampf und Ruhm

Bork niederdeutsche Kurzform von Burkhard

Borromäus nach dem Familiennamen der Borromäer; auch Nebenform von Bartholomäus

Borromeo italienische Form von Borromäus

Bosco italienische Kurzform von Burkhard

Bosse auch Bosso; niederdeutsche Kurzformen von Borchard

Boto auch Botho; Nebenformen von Bodo

Brand Kurzform von Brandolf oder Vornamen, die mit »-brand« zusammengesetzt sind

Brandolf *aus dem Althochdeutschen:* Brand, Schwert und Wolf

Branislaw andere Form von Bronislaw

Branko Kurzform von Branislaw oder anderen Vornamen, die mit »Bran-« zusammengesetzt sind

Brecht Kurzform von Albrecht

Brendan englischer Vorname irischer Herkunft; Bedeutung ungeklärt; vielleicht: tapferer, kühner junger Mann; oder: kleiner Rabe

Brian Vorname keltischer Herkunft: Hügel

Brior bretonische Form von Brian

Brisko slawische Koseform von Friedrich

Bronislaw *slawisch:* Harnisch und Ruhm, Ehre

Bruce englischer Vorname, nach dem anglonormannischen Geschlecht; oder aus dem altfranzösischen »bruis« = der aus dem Dickicht

Bruno *aus dem Althochdeutschen:* der Braune, der Bär

Brunold *aus dem Althochdeutschen:* Bär und walten, herrschen

Bryan Nebenform von Brian

Burk Kurzform von Burkhard

Burkhard auch Burghard; Burkhart; *aus dem Althochdeutschen:* Schutz, Zuflucht und hart, stark, kühn

Burt amerikanische Kurzform von Burkhard; oder Kurzform des Familiennamens Burton; oder Kurzform des Vornamens Burton

Burton *aus dem Altenglischen:* der vom Fort

Busso auch Busse; niederdeutsche Kurzformen von Burkhard

Cc

Cäcilius *lateinisch:* der aus dem römischen Geschlecht der Caecilier

Caesar Beiname der altrömischen Familie der Julier

Cajus Nebenform von Gaius

Camillo italienische Form von Camillus

Camillus auch Camill; *lateinisch:* der Ehrbahre

Candid Nebenform von Candidus

Candide französische Form von Candidus

Candidus *lateinisch:* der Reine, Aufrichtige

Canice irische Form von Kenneth

Carl Nebenform von Karl

Carlo italienische Form von Karl

Carlos spanische Form von Karl

Carol rumänische Form von Karl; auch als weiblicher Vorname!

Carolus lateinische Form von Karl

Carsten Nebenform von Karsten

Caspar Nebenform von Kaspar

Cassian erweiterte Form von Cassius

Cassius *lateinisch:* arm; oder Seidelbast; altrömischer Geschlechtername

Cecco italienische Kurzform von Francesco

Cecil englische Form von Cäcilius

Cedric englischer Vorname keltischer Herkunft; zu altenglisch »Cerdic«, dem Gründer des westsächsischen Königreichs

Celestino italienische und spanische Form von Cölestin

Cesare italienische Form von Caesar

Chaim *hebräisch:* Leben

Charles französische und englische Form von Karl

Charley auch Charly, Charlie; englische Koseform von Charles

Chlodwig ältere Form von Klodwig

Chrestien französische Form von Christian

Chris englische Kurzform von Christian, Christoph; auch als weiblicher Vorname!

Christiaan niederländische Form von Christian

Christian *griechisch-lateinisch:* der Christ

Christiern dänische Form von Christian

Christoph auch Cristof; *griechisch:* Christusträger

Christopher englische Form von Christoph; auch deutsche Nebenform von Christoph

Christophorus *griechisch:* Christusträger

Claas auch Claes; Nebenformen von Klaas

Clark amerikanischer Vorname; *aus dem Lateinischen:* Geistlicher, gebildeter Mann

Claude französische Form von Claudius; auch als weiblicher Vorname!
Claudio italienische Form von Claudius
Claudius auch Klaudius; römischer Sippenname
Claus Nebenform von Klaus
Clemens Nebenform und niederländische Form von Klemens
Clement englische Form von Klemens
Clemente italienische und spanische Form von Klemens
Cliff Kurzform von Clifford
Clifford englischer Vorname; ursprünglich Beiname nach dem Herkunftsort
Cölestin *lateinisch:* himmlisch
Colin englische Koseform von Nikolaus
Conny auch Connie, Konny; Kurz- und Koseform von Konrad; auch als weiblicher Vorname!
Conrad Nebenform und englische Form von Konrad
Constantin Nebenform und rumänische Form von Konstantin
Cord Nebenform von Kord
Corin französische Form von Quirinus
Cornelio italienische und spanische Form von Cornelius
Cornelis niederländische Form von Cornelius
Cornelius auch Kornelius; römischer Sippenname
Corvin auch Corvinus; *lateinisch:* der Rabe
Cosimo italienischer Vorname griechischer Herkunft; zu Cosmas
Cosmas *griechisch:* Ordnung, Schönheit, Zier
Costantino italienische Form von Konstantin
Crispin auch Crispinus, Krispin; *lateinisch:* der Krauskopf (der Lockenkopf)
Cristóbal spanische Form von Christoph
Curd auch Curt; Nebenformen von Kurd, Kurt
Curtis englischer Vorname aus dem Altfranzösischen: höflich
Cyprian auch Cyprianus; *lateinisch:* Mann aus Zypern
Cyriac *griechisch:* zum Herrn gehörig
Cyriel niederländische Form von Cyriac
Cyrill auch Kyrill, Cyrillus; *griechisch:* der rechte Herr

Dd

Dag nordische Kurzform von Vornamen, die mit »Dag-« zusammengesetzt sind
Dagino alte Kurzform von Vornamen, die mit »Dag-« zusammengesetzt sind
Dagobert *aus dem Althochdeutschen:* gut und glänzend
Dagomar *aus dem Althochdeutschen:* gut und berühmt
Damian *lateinisch-griechisch:* bändigen oder Erfolg
Damiano italienische Form von Damian
Damien französische Form von Damian
Dan *hebräisch:* Richter; auch englische Kurzform von Daniel; auch slawische Kurzform von Bogdan
Dangel Nebenform von Daniel
Daniel *hebräisch:* Gott ist Richter
Daniele italienische Form von Daniel
Daniello italienische Form von Daniel
Danilo serbokroatische Form von Daniel
Dankmar *aus dem Althochdeutschen:* Dank oder Gedanke und berühmt
Dankrat auch Dankrad; *aus dem Althochdeutschen:* Dank oder Gedanke und Rat, Ratgeber
Dankward auch Dankwart; *aus dem Althochdeutschen:* Dank oder Gedanke und Schutz
Danny englische Koseform von Daniel; auch als weiblicher Vorname!
Dános ungarische Koseform von Daniel
Dario italienische und spanische Form von Darius
Darius *lateinisch:* der Mächtige, der Bezwinger
Dave englische Kurzform von David
David *hebräisch:* der Geliebte, der Liebling
Davide italienische Form von David; auch als weiblicher Vorname!
Davis englisch-amerikanischer Vorname; wahrscheinlich von dem gleich lautenden englischen Familiennamen abgeleitet; oder *aus dem Altenglischen:* Sohn Davids
Dean *englisch-amerikanisch:* Dekan, Ältester
Debald auch Debold; niederdeutsche Formen von Dietbald
Dedo auch Deddo, Dedde; friesische Kurzformen von Vornamen, die mit »Diet-« zusammengesetzt sind
Degenhard *aus dem Althochdeutschen:* Krieger, Held und hart, stark, kühn
Deinhard Nebenform von Degenhard
Delf Kurzform von Detlef
Demetrio italienische Form von Demetrius
Demetrius *griechisch:* der Göttin Demeter geweiht

Dennis auch Denis; englischer und französischer Vorname aus dem Griechisch-Lateinischen: dem Gott Dionysos geweiht
Deno Kurzform von Degenhard
Derk auch Derik, Derek; niederdeutsch-ostfriesische Kurzformen von Dietrich
Desiderius *lateinisch:* der Ersehnte, Erwünschte
Detlef auch Detlev; niederdeutsche Formen von Dietleib
Detlof skandinavische Form von Detlef
Detmar niederdeutsche Form von Dietmar
Dewald niederdeutsche Form von Dietbald
Dick englische Kurzform von Richard
Didier französische Kurzform von Desiderius
Diederik niederdeutsch-niederländische und friesische Form von Dietrich
Diedrich Nebenform von Dietrich
Diego spanische Form von Jakob
Diemo auch Dimo; Kurzformen von Dietmar
Dierk niederdeutsch-friesische Kurzform von Diederik
Dietbald *aus dem Althochdeutschen:* Volk und kühn
Dietbert *aus dem Althochdeutschen:* Volk und glänzend
Dieter Kurzform von Dietrich
Dietfried *aus dem Althochdeutschen:* Volk und Friede
Dietger *aus dem Althochdeutschen:* Volk und Speer
Diethard *aus dem Althochdeutschen:* Volk und hart, stark, kühn
Diethelm *aus dem Althochdeutschen:* Volk und Helm
Dietleib *aus dem Althochdeutschen:* Volk und Rest, Erbe
Dietmar *aus dem Althochdeutschen:* Volk und berühmt
Dietram *aus dem Althochdeutschen:* Volk und Rabe
Dietrich *aus dem Althochdeutschen:* Volk und reich, mächtig oder herrschen; Volksherrscher
Dietwald *aus dem Althochdeutschen:* Volk und walten, herrschen
Dietwolf *aus dem Althochdeutschen:* Volk und Wolf
Dietz Kurzform von Dietrich
Diktus Kurzform von Benedikt, Benediktus
Dimitri auch Dimitrij, Dmitri, Dmitrij; russische Formen von Demetrius
Dino italienische Kurzform von Vornamen, die mit »-dino« zusammengesetzt sind
Dionysius *griechisch:* dem Gott Dionysos geweiht
Dirk Kurz- und Koseform von Dietrich
Dittmar Nebenform von Dietmar
Dix Kurz- und Koseform von Bendix, Benedikt
Dolf Kurzform von Vornamen, die mit »-dolf« zusammengesetzt sind
Domenico italienische Form von Dominikus

Domingo spanische Form von Dominikus

Dominikus auch Dominik; *lateinisch:* dem Herrn, Gott gehörend

Dominique französische Form von Dominikus; auch als weiblicher Vorname!

Don Kurzform von Donald

Donald *keltisch:* Weltherrscher

Donatello italienische Koseform von Donato

Donato italienische Form von Donatus

Donatus auch Donat; *lateinisch:* der (von Gott) Geschenkte

Donet englische Form von Donatus

Dorus niederländische Form und Koseform von Theodor

Douglas englischer Vorname keltischer Herkunft: dunkelblau; weitere Bedeutung: dunkles Wasser

Dragan auch Drago, Dargotin; Kurzform von Dragomir

Dragomir *slawisch:* lieb und Friede

Drees auch Dries, Drewes; niederdeutsche, niederländische und friesische Kurzformen von Andreas

Duarte portugiesische Form von Edward

Dulf Nebenform von Dolf

Duncan *altirisch:* dunkler Krieger

Dustin *englisch:* der Tapfere

Dwight *englisch;* von flämisch »DeWitt«: blond

Ee

Earl *englisch:* edler, freier Mann

Ebbo friesische Kurzform von Vornamen, die mit »Eber-« zusammengesetzt sind

Eberhard *aus dem Althochdeutschen:* Eber und stark

Eckehard auch Eckhard, Eckhart, Eckart, Ekkehard; *aus dem Althochdeutschen:* Spitze, Schneide und hart, stark, kühn

Eckeward Nebenform von Eckewart

Eckewart *aus dem Althochdeutschen:* Spitze, Schneide und Wächter, Hüter

Eckfried *aus dem Althochdeutschen:* Spitze, Schneide und Friede

Eckwin *aus dem Althochdeutschen:* Spitze, Schneide und Freund

Ed englische Kurzform von Edward, Edgar, Edmund, Edwin

Eddy auch Eddie; Kurzformen von Edward, Eduard

Edelbert *aus dem Althochdeutschen:* edel und glänzend

Edelbrecht Nebenform von Edelbert

Edgar *angelsächsisch:* Besitz und Speer

Edmond englische, französische, rumänische und ungarische Form von Edmund

Edmund *angelsächsisch:* Beschützer des Erbes

Edo auch Eddo, Ede, Edy; Kurzformen von Vornamen, die mit »Ed-« zusammengesetzt sind; z. B. Eduard

Edoardo italienische Form von Edward

Édouard französische Form von Edward

Eduard deutsche Form des englischen Vornamens Edward

Eduardo spanische Form von Edward

Edvard schwedische und norwegische Form von Edward

Edward *angelsächsisch:* Besitz und Hüter, Schützer

Edwin *angelsächsisch:* Besitz und Freund

Edzard friesische Kurzform von Eckehard

Efrem englische und italienische Form von Ephraim

Egbert Kurzform von Agilbert

Egbrecht Nebenform von Egbert

Egid Nebenform von Ägid

Egil Kurzform von Eilbert

Egilbert Nebenform von Agilbert

Egilhard *aus dem Althochdeutschen:* Spitze, Schneide und stark

Egilolf Nebenform von Agilolf

Eginald *aus dem Althochdeutschen:* Spitze, Schneide und walten, herrschen

Eginhard *aus dem Althochdeutschen:* Spitze, Schneide und hart, stark, kühn

Egino Kurzform von Vornamen, die mit »Egin-« zusammengesetzt sind

Egmund auch Egmond, Egmont; heute gebräuchlichere Form von Agimund

Egon Kurzform von Egino

Egward Nebenform von Eckewart

Ehm niederdeutsche Kurzform von Vornamen, die mit »Agi-« oder »Egin-« zusammengesetzt sind

Ehrenfried *aus dem Althochdeutschen:* Ehre und Friede

Ehrhard Nebenform von Erhard

Eike friesische Kurzform von Eckehard oder Vornamen, die mit »Eck-« oder »Eg-« zusammengesetzt sind; auch als weiblicher Vorname!

Eiko Nebenform von Eike

Eilbert neuere Form von Egilbert

Eilhard auch Eilert, Ehlert; Nebenformen von Agilhard

Eilmar Nebenform von Agimar

Einar nordischer Vorname altisländischer Herkunft: der allein kämft

Einhard Nebenform von Eginhard

Eirik Nebenform von Erich

Ejnar dänische Form von Einar

Elard friesisch-niederdeutsche Kurzform von Eilhard

Elbert Nebenform von Eilbert; auch Kurzform von Adalbert

Elfried Nebenform von Ehrenfried

Eli(j)a *hebräisch:* Jahwe ist mein Gott

Elias Nebenform von Eli(j)a

Elko niederdeutsch-friesische Kurzform von Vornamen, die mit »Elk-» oder »Alk-« zusammengesetzt sind

Ellis englische Koseform von Elias

Elmar auch Almar, Elmer; Kurzform von Adelmar

Elmo Kurzform von Elmar; auch italienische und spanische Kurzform von Erasmus

Elvis amerikanischer Vorname; Nebenform von Elwin

Elwin Nebenform von Alwin

Emanuel *hebräisch:* Gott mit uns

Emil *lateinisch:* aus dem Geschlecht der Ämilier; vom lateinischen »aemulus« = eifrig, der Eifrige

Émile französische Form von Emil

Emilio spanische und italienische Form von Emil

Enders auch Endres; niederdeutsche Nebenformen von Andreas

Endrik niederdeutsche Nebenform von Hendrik

Endris Kurzform von Andreas

Engelbert auch Engelbrecht; *aus dem Althochdeutschen:* aus dem Stamm der Angeln und glänzend

Engelfried *aus dem Althochdeutschen:* aus dem Stamm der Angeln und Friede

Engelhard *aus dem Althochdeutschen:* aus dem Stamm der Angeln und hart, stark, kühn

Enno friesische Kurzform von Einhard

Enrico italienische Form von Heinrich

Enrique spanische Form von Heinrich

Enzio auch Enzo; italienische Kurzformen von Heinrich

Ephraim *hebräisch:* doppelt fruchtbar

Eraldo italienische Form von Harald

Erasmus *griechisch:* liebenswürdig, anmutig

Erdmann Neubildung von Adam; Nebenform von Hartmann

Erdmut Nebenform von Hartmut

Erek Nebenform von Erich, Name einer Gestalt aus der keltischen Artussage

Erhard auch Ehrhard, Erhart; *aus dem Althochdeutschen:* Ehre und hart, stark, kühn

Eric englische Form von Erich

Erich *aus dem Nordischen:* alleiniger beständiger Herrscher

Erik skandinavische Form von Erich

Ermanno italienische Form von Hermann

Ernest englische und französische Form von Ernst

Ernesto italienische und spanische Form von Ernst

Ernestus latinisierte Form von Ernst; in der erweiterten Form: Ernestinus

Erni Kurz- und Koseform von Ernst; auch als weiblicher Vorname!

Erno Nebenform von Arno; italienische Kurzform von Ernesto

Ernö ungarische Form von Ernst

Ernst *aus dem Althochdeutschen:* Ernst, Entschlossenheit
Errol englisch-amerikanischer Vorname; Nebenform von Earl
Erwin alte Form: Herwin; *aus dem Althochdeutschen:* Heer und Freund
Esra *hebräisch:* Hilfe (ist Gott)
Esteban spanische Form von Stephan
Étienne französische Form von Stephan
Etzel Nebenform von Attila; auch Kurzform von Vornamen, die mit »Adal-« zusammengesetzt sind
Eugen *griechisch:* der Wohlgeborene, von edler Abkunft
Eugène französische Form von Eugen
Eumenes *griechisch:* wohlwollend
Eusebius *griechisch:* fromm, gottesfürchtig
Eustace englische Form von Eustachius
Eustache französische Form von Eustachius
Eustachius auch Eustach; *griechisch:* der eine gute Ernte macht
Evangelist *griechisch:* der die gute Botschaft Verkündende
Evert niederdeutsche Kurzform von Eberhard
Ewald *aus dem Althochdeutschen:* Recht, Gesetz und walten, herrschen
Ezra englische Form von Esra

Ff

Fabian erweiterte Form von Fabius
Fabiano italienische Form von Fabian
Fabien französische Form von Fabian
Fabio italienische und spanische Form von Fabian
Fabius auch Fabianus; *lateinisch:* aus dem altrömischen Geschlecht der Fabier
Fabricio italienische Form von Fabricius
Fabricius Name einer römischen Familie
Fabrizio italienische Form von Fabricius
Facius Kurzform von Bonifatius
Falk *aus dem Althochdeutschen:* der Falke
Falko Nebenform von Falk
Farald *aus dem Althochdeutschen:* fahren und walten, herrschen
Farold Nebenform von Farald
Faustus auch Faust; *lateinisch:* der Glückliche, der Glückbringer
Faustino italienische und spanische Form von Faustinus
Faustinus erweiterte Form von Faust
Fausto italienische Form von Faust

Feddo auch Fedder; friesische Kurzformen von Vornamen, die mit »Fried-« zusammengesetzt sind
Federico spanische und italienische Form von Friedrich
Federigo spanische und italienische Nebenform von Federico
Felice italienische Form von Felix
Félicien französische Form von Felix
Feliks polnische Form von Felix
Felipe spanische Form von Philipp
Felix *lateinisch:* glücklich
Feodor auch Fedor; eingedeutschte Formen von Fjodor
Feodosi auch Feodosij; russische Form von Theodosius
Ferdi Kurz- und Koseform von Ferdinand
Ferdinand romanisierte Form des althochdeutschen Namens »Fridenand« = Friede, Schutz und mutig, kühn
Ferdinando italienische Form von Ferdiand
Ferenc ungarische Form von Franz
Fernán spanische Form von Ferdinand
Fernand französische Form von Ferdinand
Fernández spanische Nebenform von Fernando
Fernando italienische und spanische Form von Ferdinand
Fernão portugiesische Form von Ferdinand
Ferrando italienische Nebenform von Ferdinand
Ferrante italienische Nebenform von Ferdinand
Ferry französische Kurz- und Koseform von Frédéric
Fidel Kurzform von Fidelis
Fidelio italienische Form von Fidelis
Fidelis auch Fidelius; *lateinisch:* treu
Fiete niederdeutsche Kurzform von Friedrich
Filibert *aus dem Althochdeutschen:* viel und glänzend
Filiberto italienische Form von Filibert
Filippo italienische Form von Philipp
Filko ungarische Form von Philipp
Fips Kurz- und Koseform von Philipp
Firmus auch Firminus, Firmin; *lateinisch:* fest, standhaft
Fitko slawische Form von Vitus
Fjodor russische Form von Theodor
Flavius auch Flavio; *lateinisch;* aus der Familie der Flavier
Florens *lateinisch:* blühend
Florentin Kurzform von Florentinus
Florentinus erweiterte Form von Florens
Florenz eingedeutschte Form von Florens
Florestan italienische erweiterte Form von Florus

Florian *lateinisch:* blühen, in hohem Ansehen stehen
Florin Nebenform von Florian
Florus *lateinisch:* blühend
Focke auch Focko; friesisch-niederdeutsche Kurzformen von Vornamen, die mit »Folk-« oder »Volk-« zusammengesetzt sind
Folbert Nebenform von Volbert
Folke Kurzform von Vornamen, die mit »Folk-« oder »Volk-« zusammengesetzt sind
Folker Nebenform von Volker
Folkrad Nebenform von Volkrad
Foma russische Form von Thomas
Fons Kurzform von Alfons
Fortunatus auch Fortunat; *lateinisch:* beglückt, begütert
Francesco italienische Form von Franziskus
Francis englische Form von Franz
Francisco portugiesische und spanische Form von Franziskus
Franciszek polnische Form von Franziskus
François französische Form von Franz
Franek polnische Koseform von Franciszek
Frank (o) *aus dem Althochdeutschen:* der Franke, der Freie; auch Kurzform von Franziskus
Frans niederländische und schwedische Form von Franz
Frantek polnische Koseform von Franciszek
Franz Kurzform von Franziskus
Franziskus wahrscheinlich latinisierte Form vom italienischen »Francesco« = der Französische
Frasquito spanische Koseform von Franziskus
Fred Kurzform von Vornamen, die mit »-fred« oder »Fred-« zusammengesetzt sind
Freddi auch Freddo; niederdeutsche Koseformen von Frederick
Freddy auch Fredy; aus dem Englischen ins Niederdeutsche übernommene Kurzformen von Frederick oder Alfred
Frederic englische Form von Friedrich
Frédéric französische Form von Friedrich
Frederick auch Frederich; niederdeutsch-friesische Kurzformen von Friedrich
Frederico portugiesische Form von Friedrich
Frederik niederländische und dänische Form von Friedrich; auch Nebenform von Frederick
Freerich auch Frerich, Frerik; niederdeutsch-friesische Formen von Friedrich
Fridericus latinisierte Form von Friedrich
Frido Kurzform von Fridolin oder Friedrich
Fridolin oberdeutsche Koseform von Friedrich
Fried Kurzform von Friedrich und anderen Vornamen, die mit »Fried-« zusammengesetzt sind, zum Beispiel Friedbert oder Friedemann

Friedbert auch Friedebert; *aus dem Althochdeutschen:* Friede und glänzend

Friedel Kurzform von Vornamen, die mit »Fried-« oder »-fried« zusammengesetzt sind; auch als weiblicher Vorname!

Friedemann auch Friedmann; *aus dem Althochdeutschen:* Friede und Mann

Frieder Kurzform von Friedrich

Friedger auch Friedeger; *aus dem Althochdeutschen:* Friede und Speer

Friedhelm *aus dem Althochdeutschen:* Friede und Helm

Friedmar auch Friedemar; *aus dem Althochdeutschen:* Friede und berühmt

Friedo auch Frido; Kurzformen von Friedrich oder Fridolin

Friedrich *aus dem Althochdeutschen:* Friede und reich, mächtig

Frieso auch Friso; alter deutscher Vorname; vermutlich: der Friese

Frithjof *nordisch:* Frieden und Fürst; oder Schutz und Räuber

Fritz Kurzform von Friedrich

Frodemund *aus dem Althochdeutschen:* klug, weise und Schutz

Frodewin auch Frowein; *aus dem Althochdeutschen:* klug, weise und Freund

Frommhold Vorname aus pietistischer Zeit (17. und 18. Jahrhundert); oder Nebenform von Frumwalt

Fromund Nebenform von Frodemund

Frumwalt *aus dem Althochdeutschen:* Nutzen, Heil und walten, herrschen

Fryderyk polnische Form von Friedrich

Fulbert Nebenform von Volbert

Fulk auch Fulko; Kurzformen von Vornamen, die mit »Volk-« zusammengesetzt sind

Fürchtegott Vorname aus pietistischer Zeit (17. und 18. Jahrhundert)

Gg

Gaard Nebenform von Gard

Gábor ungarische Form von Gabriel

Gabriel *hebräisch:* Mann Gottes

Gabriele italienische Form von Gabriel; auch als weiblicher Vorname!

Gabriello italienische Form von Gabriel

Gaius römischer Vorname zum lateinischen »gaudere« = erfreuen

Galland französische Form von Wieland

Gallus *lateinisch:* der Gallier
Gandolf auch Gandulf; *aus dem Althochdeutschen:* Werwolf und Wolf
Gard friesische Form von Gerd; auch Kurzform von Gerhard
Garibaldi italienische Form von Gerbald
Garret auch Garriet, Garrit; friesische Formen von Gerhard
Gary amerikanischer Vorname; Koseform von Gerard
Gaspar portugiesische und spanische Form von Kaspar
Gaspard französische Form von Kaspar
Gaspare italienische Form von Kaspar
Gasparo italienische und spanische Form von Kaspar
Gaston französische Form des flämischen Heiligennamens St. Gast (Vaast)
Gaudentius *lateinisch:* der sich Freuende
Gaudenz eingedeutschte Form von Gaudentius
Gauthier französische Form von Walter
Gebbert niederdeutsche Kurzform von Gebhard
Gebhard *aus dem Althochdeutschen:* Gabe und hart, stark, kühn
Gedeon russische Form und Nebenform von Gideon
Geert westfriesische Kurzform von Gerhard
Genest französischer Vorname griechischer Herkunft: Nachkomme
Geo Kurzform von Georg
Geoffrey auch Jeffrey; englische Form von Gottfried oder vielleicht von einem anderen Vornamen, der mit »-fried« zusammengesetzt ist
Geoffroi französische Form von Gottfried
Georg *griechisch:* der Bauer, der Landmann (der die Erde Bearbeitende)
George englische und rumänische Form von Georg
Georges französische Form von Georg
Georgi bulgarische Form von Georg
Georgij russische Form von Georg
Georgio italienische Form von Georg
Gerald auch Gerold; Nebenformen von Gerwald
Gerard englische und niederländische Form von Gerhard
Gérard französische Form von Gerhard
Gerardo italienische und spanische Form von Gerhard
Gerbald auch Gerbold; *aus dem Althochdeutschen:* Speer und kühn
Gerbert *aus dem Althochdeutschen:* Speer und glänzend
Gerd auch Gert; Kurzformen von Gerhard; Gerd auch als weiblicher Vorname!
Gerfried *aus dem Althochdeutschen:* Speer und Friede
Gerhard auch Gerhart; *aus dem Althochdeutschen:* Speer und hart

Gerjet friesische Kurzform von Gerhard
Gerko friesische Kurzform von Gerhard
Gerlach *aus dem Althochdeutschen:* Speer und Kampfspiel
German *lateinisch:* der Germane
Germar *aus dem Althochdeutschen:* Speer und berühmt
Germo Kurzform von Germar; auch bulgarische Form von German
Gernot *aus dem Althochdeutschen:* Speer und Bedrängnis, Gefahr
Gero Kurzform von Vornamen, die mit »Ger-« zusammengesetzt sind; auch bulgarische Form von German
Gerold Nebenform von Gerald
Gerolf Nebenform von Gerwulf
Gerrit auch Gerit; friesische Kurzformen von Gerhard; auch als weiblicher Vorname!
Gert auch Gerd; Kurzformen von Gerhard
Gerwald *aus dem Althochdeutschen:* Speer und walten, herrschen
Gerwig *aus dem Althochdeutschen:* Speer und Kampf
Gerwin *aus dem Althochdeutschen:* Speer und Freund
Gerwulf *aus dem Althochdeutschen:* Speer und Wolf
Gevehard niederdeutsche Form von Gebhard
Géza ungarischer Vorname; ursprünglich türkischer Ehrentitel aus heidnischer Zeit
Giacomo italienische Form von Jakob
Gianni auch Gian; italienische Kurzformen von Giovanni
Gideon auch Gedeon, Gidion; *hebräisch:* (Baum-)Fäller, Krieger
Gil (s) Kurz- und Koseform von Ägilius, Gilbert
Gilbert Nebenform von Giselbert, Gisbert
Gillian deutsch-schweizerische Form von Giligan, einer Kurzform von Ägid; auch als weiblicher Vorname!
Gino italienische Kurzform von Luigi
Gion rätoromanische Kurzform von Johannes
Giordano italienische Form von Jordan
Giorgio italienische Form von Georg
Giorgos griechische Form von Georg
Giovanni italienische Form von Johannes
Giraldo italienische Form von Gerald
Giraud französische Form von Gerald
Girolamo italienische Form von Hieronymus
Gisbert auch Giselbert; *germanisch:* Spross; oder *aus dem Althochdeutschen:* Geisel/junger Mann und glänzend
Giselher *germanisch:* Spross; oder *aus dem Althochdeutschen:* Geisel/junger Mann und Heer
Gismar auch Giselmar; *germanisch:* Spross; oder *aus dem Althoch-*

deutschen: Geisel/junger Mann und berühmt

Giso alte Kurzform von Vornamen, die mit »Gis-« zusammengesetzt sind

Giuliano italienische Form von Julian

Giulio italienische Form von Julius

Giurgiu rumänische Form von Georg

Giuseppe italienische Form von Joseph

Glen Nebenform von Glenn

Glenn englischer Vorname keltischer Herkunft: Talbewohner

Glorius männliche Form von Gloria

Godard Kurzform von Godehard

Godebert Nebenform von Gottbert

Godeffroy französische Form von Gottfried

Godehard ältere oder niederdeutsch-friesische Form von Gotthard

Godwin niederdeutsche Form von Gottwin

Goffredo italienische Form von Gottfried

Golo Kurzform von Vornamen, die mit »God-« zusammengesetzt sind

Gontard französische Form von Gunthard

Goran serbokroatische Form von Gregor, Georg

Göran schwedische Form von Georg

Gorch niederdeutsch: Georg

Gordon englischer Vorname; vom altenglischen »garadun« = vom dreieckigen Hügel

Görge Kurzform von Georg

Gosbert *aus dem Althochdeutschen:* Gote und glänzend

Gösta schwedische Form von Gustav

Goswin *aus dem Althochdeutschen:* Gote und Freund

Gottbert auch Godebert; *aus dem Althochdeutschen:* Gott und glänzend

Gottfried *aus dem Althochdeutschen:* Gott und Friede

Gotthard auch Godehard; *aus dem Althochdeutschen:* Gott und stark

Gotthelf auch Gotthilf; Vorname aus pietistischer Zeit (17. und 18. Jahrhundert)

Gotthold Vorname aus pietistischer Zeit (17. und 18. Jahrhundert)

Gottlieb Vorname aus pietistischer Zeit (17. und 18. Jahrhundert)

Gottlob Vorname aus pietistischer Zeit (17. und 18. Jahrhundert)

Gottschalk *aus dem Althochdeutschen:* Gott und Knecht

Gottwald auch Godewald; *aus dem Althochdeutschen:* Gott und walten, herrschen

Gottwin auch Godwin; *aus dem Althochdeutschen:* Gott und Freund

Götz Kurzform von Vornamen, die mit »Gott-« zusammengesetzt sind, besonders von Gottfried

Govert niederdeutsch-niederländische Kurzform von Gottfried

Graciano spanische Form von Gratian

Graham englischer Vorname; vom altenglischen »graeg-hamm« = aus dem grauen Land

Grant *aus dem Mittelenglischen:* der Große

Gratian auch Gratianus, Grazian; *lateinisch:* der Anmutige

Gratien französische Form von Gratian

Graziano italienische Form von Gratian

Grégoire französische Form von Gregor

Gregor auch Gregorius; *griechisch:* der Wachsame

Gregorio italienische und spanische Form von Gregor

Gregory englische Form von Gregor

Griffith *aus dem Walisischen:* mächtiger Kämpfer

Grigor serbokroatische Form von Gregor

Grigorij russische Form von Gregor

Grischa russische Kurz- und Koseform von Gregor

Guarniero italienische Form von Werner

Guernard französische Form von Werner

Guglielmo italienische Form von Wilhelm

Guido italienische Form von Wido

Guillaume französische Form von Wilhelm

Guillermo spanische Form von Wilhelm

Gullbrand *skandinavisch:* Gott und Feuer

Gunar auch Gunnar; nordische Formen von Gunter, Günter

Gundmar *aus dem Althochdeutschen:* Kampf und berühmt

Gundolf *aus dem Althochdeutschen:* Kampf und Wolf

Gunter auch Gunther; Nebenformen von Günter

Günter auch Günther; *aus dem Althochdeutschen:* Kampf und Heer

Gunthard *aus dem Althochdeutschen:* Kampf und hart, stark, kühn

Guntmar Nebenform von Gundmar

Guntram *aus dem Althochdeutschen:* Kampf und Rabe

Guntwin *aus dem Althochdeutschen:* Kampf und Freund

Gus Kurzform von Gustav

Gustav auch Gustaf; ursprünglich schwedischer Vorname; wörtlich etwa: Stütze im Kampf

Gusti auch Gustl; Kurz- und Koseformen von Gustav oder August; auch als weibliche Vornamen!

Guy französische und englische Form von Guido

György ungarische Form von Georg

Hh

Hadamar Nebenform von Hademar
Hadbert *aus dem Althochdeutschen:* Kampf und glänzend
Hademar auch Hadumar; *aus dem Althochdeutschen:* Kampf und berühmt
Hadewin *aus dem Althochdeutschen:* Kampf und Freund
Hado auch Hatto; alte Kurzformen von Vornamen, die mit »Had-« zusammengesetzt sind
Hadrian ältere Form von Adrian
Haduwin Nebenform von Hadewin
Hadwin Nebenform von Hadewin
Hagen Kurzform von älteren Vornamen, die mit »Hagen-« zusammengesetzt sind; Bedeutung etwa: Einfriedung, Gehöft
Haiko Nebenform von Heiko
Haimo Nebenform von Heimo
Haio friesische Kurzform von Hagen
Hajo Neubildung aus Hans und Joachim; oder Kurzform von Hansjoachim
Haldor auch Haldo; *nordisch:* Fels, Stein und Thor
Halfred *nordisch:* Fels, Stein und Friede
Halvard *nordisch:* Fels, Stein und Hüter
Halvor dänische Form von Halvard
Hanfried Neubildung aus Johann und Friedrich
Hanjo Neubildung aus Hans und Joachim oder Hans und Jochen; auch Kurzform von Hansjoachim, Hansjochen
Hanke niederdeutsche Kurzform von Johannes; auch als weiblicher Vorname!
Hanko slawische Kurzform von Johannes
Hannes Kurzform von Johannes
Hannibal *phönizisch:* Gnade des Gottes (Baal)
Hanno Kurzform von Johannes
Hans auch Hanns; Kurzform von Johannes
Hansbernd Zusammensetzung aus Hans und Bernd
Hansdieter Zusammensetzung aus Hans und Dieter
Hansgeorg Zusammensetzung aus Hans und Georg
Hansgerd Zusammensetzung aus Hans und Gerd
Hansheinz Zusammensetzung aus Hans und Heinz
Hansjakob Zusammensetzung aus Hans und Jakob
Hansjoachim Zusammensetzung aus Hans und Joachim
Hansjörg Zusammensetzung aus Hans und Jörg
Hansjürgen Zusammensetzung aus Hans und Jürgen
Hanskarl Zusammensetzung aus Hans und Karl

Hanspeter Zusammensetzung aus Hans und Peter
Hansrolf Zusammensetzung aus Hans und Rolf
Hansulrich Zusammensetzung aus Hans und Ulrich
Hanswerner Zusammensetzung aus Hans und Werner
Harald skandinavische Form von Harold
Hardi auch Hardo, Hardy; Kurz- und Koseformen von Vornamen, die mit »Hart-« oder »-hard« zusammengesetzt sind; Hardi auch als weiblicher Vorname!
Harding englische Nebenform von Hartwin
Hark auch Harke, Harko; friesische Kurzformen von Vornamen, die mit »Har-« oder »Her-« zusammengesetzt sind
Harm auch Harmen, Harms; friesische und niederländische Kurzformen von Hermann
Harold *aus dem Althochdeutschen:* Heer und walten, herrschen
Harro Kurzform von Vornamen, die mit »Har-« oder »Her-« zusammengesetzt sind
Harry (i) englische Nebenform von Henry
Hart auch Harte, Harto; friesische Kurzformen von Vornamen, die mit »Hart-« oder »-hard« zusammengesetzt sind
Hartbert *aus dem Althochdeutschen:* hart, stark, kühn und glänzend
Hartfried *aus dem Althochdeutschen:* hart, stark, kühn und Friede
Hartlef niederdeutsche Form von Hartlieb
Hartlieb *aus dem Althochdeutschen:* hart, stark, kühn und lieb oder Erbe
Hartmann *aus dem Althochdeutschen:* hart, stark, kühn und Mann
Hartmut *aus dem Althochdeutschen:* hart, stark, kühn und Geist, Sinn
Hartwig *aus dem Althochdeutschen:* hart, stark, kühn und Kampf
Hartwin *aus dem Althochdeutschen:* hart, stark, kühn und Freund
Harun arabische Form von Aaron
Hasko friesische Form von Hasso
Hassan *arabisch:* schön
Hasso *aus dem Althochdeutschen:* der Hesse, der aus Hessen Stammende; oder Nebenform von Hatto
Hatto auch Hato; Kurzformen von Vornamen, die mit »Had-« zusammengesetzt sind
Haubert Nebenform von Hubert
Haug oberdeutsche Kurzform von Vornamen, die mit »Hug-« zusammengesetzt sind
Hauk (e) niederdeutsch-friesische Kurzform von Vornamen, die mit »Hug-« zusammengesetzt sind; auch als weiblicher Vorname!
Havel auch Havlik, Hawel; tschechische Formen von Gallus
Hector englische und französische Form von Hektor
Heiko niederdeutsch-friesische Kurzform von Heinrich

Heilko friesische Kurzform von Vornamen, die mit »Heil-« zusammengesetzt sind
Heilmar *aus dem Althochdeutschen:* heil, gesund und berühmt
Heilmut *aus dem Althochdeutschen:* heil, gesund und Geist, Sinn
Heilo Kurzform von Vornamen, die mit »Heil-« zusammengesetzt sind
Heilwig *aus dem Althochdeutschen:* heil, gesund und Kampf; auch als weiblicher Vorname!
Heimbert *aus dem Althochdeutschen:* Haus, Heim und glänzend
Heimfried *aus dem Althochdeutschen:* Haus, Heim und Friede
Heimito erweiterte Form von Heimo
Heimo alte Kurzform von Vornamen, die mit »Heim-« zusammengesetzt sind
Hein (i) Kurz- und Koseform von Heinrich
Heinar Nebenform von Heiner
Heiner Kurzform von Heinrich
Heinfried Zusammensetzung aus Heinrich und Friedrich; oder *aus dem Althochdeutschen:* Gehege, Schutz und Friede
Heinko auch Heinke; niederdeutsch-friesische Kurz- und Koseformen von Heinrich; Heinke auch als weiblicher Vorname!
Heino niederdeutsch-friesische Kurz- und Koseform von Heinrich
Heinold *aus dem Althochdeutschen:* Heim, Haus und walten, herrschen; oder Zusammensetzung aus Heinrich und Arnold
Heinrich *aus dem Althochdeutschen:* Einfriedung und reich, mächtig
Heintje niederländische Koseform von Heinrich
Heinz Kurzform von Heinrich
Heinzkarl Zusammensetzung aus Heinz und Karl
Heinzpeter Zusammensetzung aus Heinz und Peter
Heitor portugiesische Form von Hektor
Hektor *griechisch:* der Erhalter, Herrscher
Helfgott Umkehrung von Gotthelf; Vorname aus pietistischer Zeit (17. und 18. Jahrhundert)
Helfried Kurzform von Helmfried
Helge *nordisch:* gesund, heil, unversehrt; auch als weiblicher Vorname!
Helgo Nebenform von Helge
Heliodor *griechisch:* Sonne und Geschenk
Helke niederdeutsche Kurzform von Vornamen, die mit »Hel-«, »Heil-«, »Heli-« oder »Hil-« zusammengesetzt sind; auch als weiblicher Vorname!
Helmar Nebenform von Heilmar
Helmbert *aus dem Althochdeutschen:* Helm und glänzend
Helmbrecht Nebenform von Helmbert
Helmer dänischer und schwedischer Vorname; Nebenform von Heilmar
Helmes schwäbische Kurzform von Helmut oder Wilhelm

Helmfried *aus dem Althochdeutschen:* Helm und Friede

Helmgerd Zusammensetzung aus Helmut und Gerd

Helmko auch Helmke, Helmo; niederdeutsche Kurzformen von Vornamen, die mit »Helm-« oder »-helm« zusammengesetzt sind; Helmke auch als weiblicher Vorname!

Helmold auch Helmwald; *aus dem Althochdeutschen:* Helm und walten, herrschen

Helmut (h) vermutlich Lautvariante von Heilmut

Helmward *aus dem Althochdeutschen:* Helm und Hüter, Wächter

Helwig Nebenform von Heilwig

Hemmo auch Hemke; friesische Kurz- und Koseformen von Vornamen, die mit »Heim-« zusammengesetzt sind; auch Kurzform von Heimbert oder Hermann

Hendrik niederdeutsch-niederländische Nebenform von Henrik

Henk niederdeutsche Kurzform von Henrik

Henneke niederdeutsche Kurzform von Heinrich

Henner Kurzform von Heinrich

Hennes rheinische Kurzform von Johannes

Henning auch Hennig; niederdeutsche Kurzformen von Heinrich oder Johannes

Henno Kurzform von Heinrich oder Johannes

Henri französische Form von Heinrich

Henrik schwedische, dänische, norwegische, ungarische und niederdeutsche Form von Heinrich

Henry englische Form von Heinrich

Henryk polnische Form von Heinrich

Hérault französische Form von Harold

Herbald auch Heribald; *aus dem Althochdeutschen:* Heer und kühn

Herbert *aus dem Althochdeutschen:* Heer und glänzend

Heribert Nebenform von Herbert

Herko niederdeutsch-friesische Kurzform von Vornamen, die mit »Her-« zusammengesetzt sind

Hermann auch Herman, Herrmann; *aus dem Althochdeutschen:* Heer und Mann, Krieger

Hermes auch Hermio; Name des griechischen Götterboten; auch Kurzform von Hermann

Hermin Nebenform von Hermann

Hermo Kurzform von Hermann

Hernán Nebenform von Hernando

Hernando spanische Form von Ferdinand

Herold Nebenform von Herwald

Herwald *aus dem Althochdeutschen:* Heer und walten, herrschen

Herward auch Herwart; *aus dem Althochdeutschen:* Heer und Wächter, Hüter

Herwig *aus dem Althochdeutschen:* Heer und Kampf

Herwin *aus dem Althochdeutschen:* Heer und Freund; ältere Form von Erwin

Hesso Nebenform von Hasso

Hias bayerische Kurzform von Matthias

Hieronymus *griechisch:* der mit einem heiligen Namen

Hilaire französische Form von Hilarius

Hilario spanische Form von Hilarius

Hilarius *lateinisch:* der Heitere

Hilary englische Form von Hilarius; auch als weiblicher Vorname!

Hilbert auch Hilbrecht, Hilpert, Hippe, Hippo; Kurzformen von Hildebert

Hildebert *aus dem Althochdeutschen:* Kampf und glänzend

Hildebrand auch Hillebrand, Hilbrand; *aus dem Althochdeutschen:* Kampf und Brand, Schwert

Hildebrecht oberdeutsche Form von Hildebert

Hildeger *aus dem Althochdeutschen:* Kampf und Speer

Hildemar *aus dem Althochdeutschen:* Kampf und berühmt

Hildemund *aus dem Althochdeutschen:* Kampf und Schutz

Hilding skandinavischer Vorname; von dem altnordischen »hildr« = Kampf

Hilger Kurzform von Hildeger

Hilko niederdeutsch-friesische Kurzform von Vornamen, die mit »Hild-« zusammengesetzt sind

Hilpert Kurzform von Hildebert

Hinrich auch Hinrik; niederdeutsche Formen von Heinrich

Hinz Kurz- und Koseform von Heinrich; Nebenform von Heinz

Hinzpeter Zusammensetzung aus Hinz und Peter

Hippolyt *griechisch:* der die Pferde ausspannt

Hippolyte französische Form von Hippolyt

Hippolythus lateinische Form von Hippolyt

Hoger Nebenform von Holger

Högne schwedische Form von Hagen

Hoimar niederdeutsch-friesischer Vorname; vermutlich zum althochdeutschen »Hugmar« = Geist und berühmt

Holger auch Holdger; *schwedisch-dänisch:* Insel und Speer

Holk westfriesische Form von Vornamen, die mit »Hold-« oder »Huld-« zusammengesetzt sind; auch als weiblicher Vorname!

Holm *nordisch:* Inselbewohner

Honoré französische Form von Honorius

Honorius auch Honoratus; *lateinisch:* der Geehrte

Horace englische und französische Form von Horatius

Horatio englische Form von Horatius

Horatius *lateinisch:* aus dem Geschlecht der Horatier

Horst alter deutscher Vorname; vom althochdeutschen »hurst« = Gestrüpp, Wald; oder wahrscheinlicher Kurzform eines mit »Horst-« zusammengesetzten Vornamens, z. B. Horstmar in der Bedeutung Wald und berühmt

Horstmar *aus dem Althochdeutschen:* Wald und berühmt

Howard englischer Vorname nach dem gleich lautenden Familiennamen; entspricht Hubert

Hraban *aus dem Althochdeutschen:* Rabe

Hrabanus lateinische Form von Hraban

Hrolf Kurzform von Rudolf

Hubert verkürzte Form von Hugbert

Hubertus latinisierte Form von Hubert

Hudson englischer Vorname; von Hugh abgeleitet; oder aus dem altenglischen »hod-sone» = Sohn eines Kapuzenträgers

Hugbert *aus dem Althochdeutschen:* Gedanke, Geist und glänzend

Hugh englische Form von Hugo

Hugo Kurzform von Vornamen, die mit dem althochdeutschen »Hug-‹ = Geist, Verstand zusammengesetzt sind

Hugold *aus dem Althochdeutschen:* Geist, Verstand und walten, herrschen

Hugues französische Form von Hugo

Humbert auch Humbrecht; *aus dem Althochdeutschen:* junger Bär und glänzend

Humfried *aus dem Althochdeutschen:* junger Bär und Friede

Humphrey englische Form von Humfried

Hunold *aus dem Althochdeutschen:* junger Bär und walten, herrschen

Huschke eingedeutschte tschechische Kurzform von Johannes

Hussein *arabisch:* ursprünglich Koseform von Hassan: der kleine Schöne

Hyacinthe französische Form von Hyazinth

Hyacinthus lateinische Form von Hyazinth

Hyazinth *griechisch:* Name eines spartanischen Jünglings, der nach der Mythologie in eine Hyazinthe verwandelt wurde

I i

Ibo friesische Form von Ivo

Ibrahim arabische Form von Abraham

Ignace französische Form von Ignatius

Ignacio spanische Form von Ignatius

Ignatij russische Form von Ignatius

Ignatius auch Ignaz; *lateinisch:* der Feurige

Ignazio italienische Form von Ignatius

Igor russischer Vorname; von dem skandinavischen Vornamen Ingvar

Ilario italienische Form von Hilarius

Ilja russische Form von Elias

Illyés ungarische Form von Elias

Immanuel *hebräisch:* Gott mit uns

Immo auch Imo; Kurzformen von Vornamen, die mit »Irm-« zusammengesetzt sind

Ingbert Kurz- und Nebenform von Ingobert

Ingmar auch Ingemar; schwedische Vornamen; Kurz- und Nebenformen von Ingomar

Ingo selbstständige Kurzform von Vornamen, die mit »Ingo-« zusammengesetzt sind

Ingobert *aus dem Althochdeutschen:* Ingwio (germanischer Stammesgott) und glänzend

Ingolf *aus dem Althochdeutschen:* Ingwio (germanischer Stammesgott) und Wolf

Ingomar *aus dem Althochdeutschen:* Ingwio (germanischer Stammesgott) und berühmt

Ingvar *nordisch; aus dem Althochdeutschen:* Ingwio (germanischer Stammesgott) und Heer oder Wächter, Hüter

Ingward *aus dem Althochdeutschen:* Ingwio (germanischer Stammesgott) und Wächter, Hüter

Ingwin *aus dem Althochdeutschen:* Ingwio (germanischer Stammesgott) und Freund

Inko friesische Kurzform von Vornamen, die mit »Ingo-« zusammengesetzt sind

Innocenzo italienische Form von Innozenz

Innozenz *lateinisch:* der Unschuldige

Ippolito italienische Form von Hippolyt

Iram *hebräisch:* wachsam

Irenäus *griechisch:* der Friedfertige

Irènée französische Form von Irenäus

Ireneo italienische Form von Irenäus

Irving englischer Vorname; Nebenform von Erwin; oder vom altenglischen »ear-wine« = Meeresfreund; oder vom altwalisischen »erwyn« = heller Fluss

Isaak *hebräisch:* er (Gott) wird lachen

Isbert auch Isenbert; *aus dem Althochdeutschen:* Eisen und glänzend

Isidor *griechisch:* Geschenk der Göttin Isis

Isidoro auch Isidro; spanische Formen von Isidor

Ismael *hebräisch:* Gott hört

Ismail türkische Form von Ismael

Ismar auch Isenmar; *aus dem Althochdeutschen:* Eisen und berühmt

Ismet *türkisch:* Ehre, Anstand, Reinheit; auch als weiblicher Vorname!
Israel *hebräisch:* Gott möge schützen
Ivan russische Form von Johannes
Ivar auch Iwar; Nebenformen von Ingvar
Ivo auch Iwo; Kurzformen vermutlich *aus dem Althochdeutschen:* Eibe
Iwan russische Form von Johannes

Jj

Jaap niederländische Kurzform von Jakob
Jacek polnische Form von Hyazinth
Jack englische Form von John
Jackson *aus dem Altenglischen:* Jacks Sohn
Jacob englische Form und Nebenform von Jakob
Jacobo spanische Form von Jakob
Jacques französische Form von Jakob
Jago spanische Kurzform von Jakob
Jaime spanische Form von Jakob
Jakob *hebräisch:* wahrscheinlich: Fersenhalter
Jakobus lateinische Form von Jakob
Jakow russische Form von Jakob
Jakub polnische, russische und tschechische Form von Jakob
James englische Form von Jakob
Jan niederdeutsche, niederländische, polnische und russische Kurzform von Johannes
Janek polnische Koseform von Johannes
Janheinz Zusammensetzung aus Jan und Heinz
Janis lettische und litauische Form von Johannes; auch als weiblicher Vorname!
Janko serbokroatische Koseform von Johannes
Jankó ungarische Koseform von Johannes
Jannik dänische Koseform von Jan; Jannick ist weiblicher Vorname!
Janning niederdeutsche Kurzform von Johannes
János ungarische Form von Johannes
Janpeter Zusammensetzung aus Jan und Peter
Jarmil slawischer Vorname; Nebenform von Jaromil
Jaro Kurzform von Jaromir und Jaroslaw

Jaromil Nebenform von Jaromir
Jaromir *slawisch:* heftig, mutig und Frieden
Jaroslaw *slawisch:* heftig, mutig und Ruhm
Jascha russische Kurzform von Jakob; auch als weiblicher Vorname!
Jasper friesische, englische, dänische und niederländische Form von Kaspar
Javier spanische Form von Xaver
Jean französische Form von Hans, Johannes; auch als weiblicher Vorname!
Jeff englische Kurz- und Koseform von Jeffrey
Jeffrey Nebenform von Geoffrey
Jehudi Nebenform von Yehudi
Jeldrik friesische Form von Adalrich
Jendrik slawische Form von Heinrich
Jeník tschechische Form von Johannes
Jenö ungarische Form von Eugen
Jens friesische und dänische Kurzform von Johannes
Jeremias *hebräisch:* (den) Gott (Jahwe) erhöht
Jeremy englische Form von Jeremias
Jerk auch Jerker; schwedische Nebenformen von Erich
Jérôme französische Form von Hieronymus
Jeronimus Nebenform von Hieronymus
Jerre nordfriesische Form von Erich
Jerry englische Koseform von Gerald und Jeremy
Jerzy polnische Form von Georg
Jesko slawische Kurzform von Jaroslaw oder Jaromir
Jesper dänische Form von Kaspar
Jewgenij russische Form von Eugen
Jim auch Jimmy; englische Kurzformen von James
Jo Kurzform von männlichen und weiblichen Vornamen, die mit »Jo-« zusammengesetzt sind
Joachim *hebräisch:* Jahwe richtet auf
Joakim skandinavische Form von Joachim
Joan katalanische Form von Johannes; auch als weiblicher Vorname!
João portugiesische Form von Johannes
Joaquim portugiesische Form von Joachim
Joaquin spanische Form von Joachim
Jobst Kurzform von Jodokus
Jochen auch Jochem, Jochim; Kurzformen von Joachim
Jockel Kurz- und Koseform von Jakob
Jodokus auch Jodocus, Jodok; Vornamen keltischer Herkunft; von dem bretonischen »jud« = Kampf in der Bedeutung Krieger
Joe englische Kurzform von Joseph
Joel *hebräisch:* Jahwe ist Gott
Johann Kurzform von Johannes

Johannes *hebräisch:* Gott (Jahwe) ist gnädig
Johanno Nebenform von Johannes
John englische und niederdeutsche Kurzform von Johannes
Johnny auch Jonny; englische Koseformen von John
Joke friesische Kurzform von Johann; auch als weiblicher Vorname!
Jonas *hebräisch:* Taube
Jonathan *hebräisch:* Geschenk Gottes
Jöns schwedische Form von Johannes
Joost niederländische Form von Jodokus
Jöran Nebenform von Göran
Jordan *hebräisch:* das Herabfließende; wahrscheinlich ursprünglich *aus dem Germanisch-Althochdeutschen:* Erde und kühn
Jörg auch Jürg, Jorg; Kurz- und Koseformen von Georg
Jorge portugiesische und spanische Form von Georg
Jörgen dänische Form von Jürgen
Jörn niederdeutsche Kurzform von Jürgen
Jorrit auch Jorit; friesische Kurz- und Koseformen von Eberhard
Joscha ungarische Kurzform von Joseph; auch als weiblicher Voname!
José spanische Form von Joseph
Joseph auch Josef; *hebräisch:* Gott (Jahwe) schenke Vermehrung
Josias *hebräisch:* (den) Gott (Jahwe) heilt
Josip serbokroatische Form von Joseph
Josse französische Form von Jodokus
Jost Kurzform von Jodokus
Josua auch Joshua; *hebräisch:* Gott (Jahwe) hilft
Joubert französische Form von Gosbert
Jourdain französische Fom von Jordan
Jovan serbokroatische und slowenische Form von Johannes
Juan spanische Form von Johannes
Juda *hebräisch:* der Gepriesene, der Bekenner
Judas griechische Form von Juda
Juhani finnische Form von Johannes
Julef friesische Form von Gotthelf
Jules französische Form von Julius
Julian erweiterte Form von Julius
Julien französische Form von Julian
Julius *lateinisch:* aus dem Geschlecht der Julier
Jupp rheinische Kurz- und Koseform von Joseph
Jurek polnische Koseform von Jerzy
Jürg niederdeutsche oder schweizerische Kurzform von Georg
Jürgen Kurzform von Georg
Juri slawische Form von Georg
Jurij russische Form von Georg
Jürn Kurzform von Jürgen

Jürnjakob Zusammensetzung aus Jürn und Jakob

Jürnjochen Zusammensetzung aus Jürn und Jochen

Jussuf arabisch-türkische Form von Joseph

Just Kurz- und Koseform von Justus

Justin Kurzform und englische und französische Form von Justinus

Justinian erweiterte Form von Justus

Justinus erweiterte Form von Justus

Justus *lateinisch:* der Gerechte

Kk

Kai auch Kaj, Kay; vermutlich keltischer Herkunft; Bedeutung ungeklärt; auch als weiblicher Vorname!

Kajetan *lateinisch:* der aus der Stadt Gaëta

Kalle schwedische Form von Karl

Kamill Nebenform von Camillus

Karel niederländische, dänische und tschechische Form von Karl; auch als weiblicher Vorname!

Karim *arabisch:* der Großzügige

Karl auch Carl; *aus dem Althochdeutschen:* freier Mann

Karlheinz Zusammensetzung aus Karl und Heinz

Karlludwig Zusammensetzung aus Karl und Ludwig

Karol polnische Form von Karl

Károly ungarische Form von Karl

Karsten auch Carsten; niederdeutsche Formen von Christian

Kasimir *slawisch:* verkünden und Frieden

Kaspar auch Caspar; *persisch:* Schatzbewahrer, Schatzmeister

Kastor *griechisch:* der Ausgezeichnete

Kay Nebenform von Kai

Keith englischer Vorname; vom gälischen »caith« = der vom Schlachtfeld; oder vom altwalisischen »coed« = der aus dem Wald

Ken Kurzform von Kenneth

Kenneth englischer Vorname keltischer Herkunft: hübsch, tüchtig, flink

Keno friesische Form von Kuno oder Kunibert

Kersten niederdeutsche Form von Christian; auch als weiblicher Vorname!

Kerry englisch-irischer Vorname keltischer Herkunft: der Finstere; auch als weiblicher Vorname!

Kevin englischer Vorname irischer Herkunft: hübsch, anmutig von Geburt

Kilian schottisch-irischer Vorname keltischer Herkunft: Kampf, Krieg oder der Mann aus der Zelle
Kim englischer Vorname, vermutlich irisch-englische Kurzform von »kimball« = Kriegsanführer; auch bulgarische, mazedonische und nordische Kurzform von Joakim; auch als weiblicher Vorname!
Kirsten niederdeutsche, dänische und norwegische Form von Christian; auch als weiblicher Vorname!
Klaas auch Klas, Claas, Claes; niederdeutsche Kurzformen von Nikolaus
Klaudius auch Claudius; römischer Sippenname
Klaus auch Claus; Kurzform von Nikolaus
Klausdieter Zusammensetzung aus Klaus und Dieter
Klausjürgen Zusammensetzung aus Klaus und Jürgen
Klemens auch Clemens; Klement; *lateinisch:* der Gütige, Nachsichtige
Klodwig auch Klodewig, Chlodwig; *aus dem Althochdeutschen:* laut, berühmt und Kampf, Sieg; neuere Form: Ludwig
Knud auch Knut; *nordisch:* aus edlem Geschlecht, keck, freimütig
Koenraad niederländische Form von Konrad
Kohen *hebräisch:* Diener, Priester
Kolja russische Kurzform von Nikolaus
Kolumban erweiterte Form von Kolumbus
Kolumbus *lateinisch:* Taube
Kondrat russische Form von Konrad
Konert Koseform von Konrad
Konny auch Connie, Conny; Kurz- und Koseformen von Konrad oder Konstantin; auch als weiblicher Vorname!
Konrad auch Conrad; *aus dem Althochdeutschen:* kühn, tapfer und Rat, Ratgeber
Konradin Verkleinerungsform von Konrad
Konstantin auch Constantin; *lateinisch:* der Standhafte
Konz Kurzform von Konrad
Koob Kurzform von Jakob
Kord auch Cord; Nebenformen von Konrad
Kornelius Nebenform von Cornelius
Kort dänische Form von Konrad
Kosimo deutsche Form von Cosimo
Kosta südslawische Kurzform von Konstantin
Kostja südslawische und russische Kurzform von Konstantin
Koszta ungarische Form von Konstantin
Kreon *griechisch:* Herrscher
Krischan niederdeutsche Form von Christian
Krishna auch Krischna; indische Vornamen; nach dem indischen Gott Krishna (der Schwarze); oder der Entzückende; auch als weibliche Vornamen
Krispin Nebenform von Crispin

Kristian schwedische Form von Christian

Kristof nordische Form von Christoph

Kristoffer dänische Form von Christoph

Kronos *griechisch:* Vollender

Krysztof polnische Form von Christoph

Kunibert *aus dem Althochdeutschen:* Sippe und glänzend

Kuno Kurzform von Konrad und von Vornamen, die mit »Kuni-« zusammengesetzt sind

Kunrad Nebenform von Konrad

Kunz Kurzform von Konrad

Kurt auch Curt, Curd; Kurzformen von Konrad

Kurtmartin Zusammensetzung aus Kurt und Martin

Kyrill Nebenform von Cyrill

L

Ladewig niederdeutsche Form von Ludwig

Ladislaus latinisierte Form von Wladislaw

Lajos ungarische Form von Ludwig

Lambert auch Lampert; *aus dem Althochdeutschen:* Land und glänzend

Lambrecht auch Lamprecht; Nebenformen von Lambert

Lancelot auch Lanzelot; Name eines Ritters aus der sagenhaften Tafelrunde des Königs Artus; Bedeutung ungeklärt; vielleicht *aus dem Altfranzösischen:* Diener

Landfried *aus dem Althochdeutschen:* Land und Friede

Lando Kurzform von Vornamen, die mit »Lam-« oder »Land-« zusammengesetzt sind

Landolf auch Landulf; *aus dem Althochdeutschen:* Land und Wolf

Landolin erweiterte Form von Lando

Landolt *aus dem Althochdeutschen:* Land und walten, herrschen

Landwin auch Lantwin, Landewin, Landuin; *aus dem Althochdeutschen:* Land und Freund

Lares Kurzform von Hilarius

Larry englische Kurzform von Lawrence

Lars schwedische Kurzform von Laurentius

Laslo eingedeutschte Form des ungarischen Vornamens László

Lasse schwedische Kurzform von Laurentius

László ungarische Form von Ladislaus

Laurence englische Form von Laurentius; auch als weiblicher Vorname!

Laurent französische Form von Laurentius
Laurentius *lateinisch:* der aus (der Stadt) Laurentium; auch als der Lorbeergeschmückte gedeutet
Lauri finnische Kurzform von Laurentius
Laurids dänische Form von Laurentius
Laurin Name des Zwergenkönigs in der Heldendichtung; Herkunft und Bedeutung ungeklärt
Lauritz eingedeutschte Form von Laurids
Laux Kurzform von Lukas
Lawrence englische Form von Laurentius
Lázár ungarische Form von Lazarus
Lazare französische Form von Lazarus
Lazarus auch Lazar; lateinische Form des hebräischen »eleasar« = Gott hilft
Lazzaro italienische Form von Lazarus
Leander *griechisch:* Mann des Volkes
Leberecht auch Lebrecht; Vorname aus pietistischer Zeit (17. und 18. Jahrhundert)
Lee englisch-amerikanischer Vorname; Herkunft und Bedeutung unsicher; vielleicht aus dem Irisch-Gälischen: anmutig; oder aus dem Altenglischen: der vom Weideland Stammende; auch als weiblicher Vorname!
Leif *nordisch:* Sohn, Erbe, Hinterlassenschaft
Lenard Nebenform von Leonhard
Lenardo italienische Form von Leonhard
Lennart niederdeutsche und schwedische Nebenform von Leonhard
Lenz Kurzform von Lorenz oder Leonhard
Leo *lateinisch:* Löwe; auch Kurzform von Leopold oder Leonhard
Leodegar auch Leodeger; Nebenformen von Ludger
Leodewin Nebenform von Luitwin
Léon französische Form von Leo; auch Kurzform von Léonard
Léonard französische Form von Leonhard
Leonardo auch Lionardo; italienische Formen von Leonhard
Leonhard Zusammensetzung aus dem lateinischen »leo« = Löwe und dem althochdeutschen »harti« = hart, stark, kühn
Leonid russische Form von Leonidas
Leonidas *griechisch:* der Löwengleiche, Löwenstarke
Leopold auch Luitpold; Leupold; *aus dem Althochdeutschen:* Volk und kühn
Leschek eingedeutschte Schreibweise von Leszek
Leslie englischer und französischer Vorname; ursprünglich ein Familienname; auch als weiblicher Vorname!

Lester englischer Vorname; Bedeutung ungeklärt; vielleicht aus dem Lateinischen: der aus dem Legionärslager

Leszek polnische Kurzform von Alexander

Leuthold Nebenform von Luithold

Leutwein Nebenform von Luitwin

Lev Nebenform von Lew

Levi *hebräisch:* anhänglich, (dem Bund) zugetan

Levin auch Lewin; niederdeutsche Form von Liebwin

Levold niederdeutsche Nebenform von Liebhard

Lew russische und polnische Form von Leo

Lewis englische Form von Ludwig

Lex Kurzform von Alexander

Liborius *lateinisch:* Gott opfern

Liebfried *aus dem Althochdeutschen:* lieb und Friede

Liebhard auch Lippert; *aus dem Althochdeutschen:* lieb und hart, stark, kühn

Liebrecht *aus dem Althochdeutschen:* lieb und glänzend

Liebwald *aus dem Althochdeutschen:* lieb und walten, herrschen

Liebward *aus dem Althochdeutschen:* lieb und Schutz

Liebwin *aus dem Althochdeutschen:* lieb und Freund

Lienhard Nebenform von Leonhard

Lievert Nebenform von Liebhard

Linnart schwedische Nebenform von Lennart

Linus *griechisch:* der Betrauerte, der Klagende; auch Kurzform von Vornamen, die mit »-linus« zusammengesetzt sind

Lion alte Form von Léon

Lionardo italienische Form von Leonhard

Lionel englische und italienische Verkleinerungsform von Lion

Litthard Nebenform von Luithard

Livio italienische Form von Livius

Livius *lateinisch:* aus dem römischen Geschlecht der Livier

Ljubomir *slawisch:* Liebe und Friede

Lodewik niederdeutsche und niederländische Form von Ludwig

Lodovico italienische Form von Ludwig

Lois oberdeutsche Kurzform von Alois

Lorenz deutsche Form von Laurentius

Lorenzo italienische und spanische Form von Laurentius

Loris italienische und schweizerische Kurzform von Laurentius; auch als weiblicher Vorname!

Lothar auch Lotar; *aus dem Althochdeutschen:* laut, berühmt und Heer

Lou Kurzform von Louis; auch als weiblicher Vorname!

Louis französische Form von Ludwig

Lovis auch Lowis; niederdeutsche Nebenformen von Ludwig

Lowik niederländische Form von Ludwig

Lu Kurzform von Vornamen, die mit »Lud-« zusammengesetzt sind; auch als weiblicher Vorname!

Luc französische Kurzform von Lukas; auch als weiblicher Vorname!

Lucian auch Lucianus; erweiterte Formen von Lucius

Lucien französische Form von Lucian

Lucio italienische Form von Lucius

Lucius auch Luzius; *lateinisch:* der bei Tagesanbruch Geborene

Lucretius Nebenform von Lukretius

Ludger Nebenform von Luitger

Ludo Kurzform von Vornamen, die mit »Lud-« zusammengesetzt sind

Ludolf *aus dem Althochdeutschen:* berühmt und Wolf

Ludovico italienische Form von Ludwig

Ludvik tschechische Form von Ludwig

Ludwig *aus dem Althochdeutschen:* berühmt und Kampf

Ludwin Nebenform von Luitwin

Luigi italienische Form von Ludwig und Alois

Luis spanische und rätoromanische Form von Ludwig

Luitbald *aus dem Althochdeutschen:* Volk und kühn

Luitbert *aus dem Althochdeutschen:* Volk und glänzend

Luitbrand *aus dem Althochdeutschen:* Volk und Brand, Schwert

Luitbrecht Nebenform von Luitbert

Luitfried *aus dem Althochdeutschen:* Volk und Friede

Luitger auch Ludger; *aus dem Althochdeutschen:* Volk und Speer

Luithard *aus dem Althochdeutschen:* Volk und hart, stark, kühn

Luither *aus dem Althochdeutschen:* Volk und Heer

Luithold *aus dem Althochdeutschen:* Volk und walten, herrschen

Luitpold auch Leopold, Luitbald; *aus dem Althochdeutschen:* Volk und kühn

Luitwin *aus dem Althochdeutschen:* Volk und Freund

Lukácz ungarische Form von Lukas

Lukarz polnische Form von Lukas

Lukas auch Lucas; *lateinisch:* aus (dem italienischen) Lucania stammend

Lukretius auch Lucretius; *lateinisch:* aus dem Geschlecht der Lukretier

Lutter auch Luther; Nebenformen von Lothar

Lutz Kurz- und Koseform von Ludwig

Lux Kurz- und Koseform von Lukas

Luzius auch Luzian; eingedeutschte Formen von Lucius und Lucian

Lyonel amerikanische Form von Leo

Lysander *griechisch:* der Freigelassene

M

Maans nordische Form von Magnus

Macaire französische Form von Makarios

Macarius lateinische Nebenform von Makarios

Mack Kurz- und Koseform von Markward

Magnus *lateinisch:* der Große

Mahomet türkische Form von Mohammed

Maik auch Maiko; friesische Kurz- und Koseformen von Meinhard; Maik auch eingedeutschte Form von Mike

Makarios *griechisch:* reich, glücklich

Malte dänischer Vorname; vielleicht Kurzform von Helmold oder Helmwald

Malwin *aus dem Althochdeutschen:* Gerichtsplatz, Rat und Freund

Manes Koseform von Hermann und Kurzform von Vornamen, die mit »Man-« oder »-man(n)« zusammengesetzt sind

Manfred auch Manfried; *aus dem Althochdeutschen:* Mann und Friede

Manolito spanische Verkleinerungsform von Manolo

Manolo italienische und spanische Koseform von Emanuel

Manuel Kurzform von Emanuel

Manuele italienische Form von Manuel

Marald *aus dem Althochdeutschen:* Pferd und walten

Marbod *aus dem Althochdeutschen:* Pferd und Bote, gebieten

Marc auch Mark; Kurzformen von Vornamen, die mit »Mark-« zusammengesetzt sind; Marc auch französische Form von Markus

Marcel französische Form von Marcellus

Marcellinus erweiterte Form von Marcellus

Marcello italienische Form von Marcellus

Marcellus erweiterte Form von Marcus

Marco italienische und spanische Form von Markus

Marcus lateinische Form von Markus

Marek slawische Form von Markus

Marelcek slawische Form von Markus

Marian Nebenform von Marius

Marin Nebenform und französische Form von Marinus
Marino italienische Form von Marinus
Marinus *lateinisch:* der am Meer Lebende
Mario italienische Form von Marius
Marius *lateinisch:* vom altrömischen Geschlecht der Marier; oder: der Mann vom Meer
Mark auch Marc; Kurzformen von Vornamen, die mit »Mark-« zusammengesetzt sind
Marko oder Marke; Kurzformen von Vornamen, die mit »Mark-« zusammengesetzt sind
Markolf auch Markulf; *aus dem Althochdeutschen:* Grenze und Wolf
Markus auch Marcus; *lateinisch:* dem Kriegsgott Mars geweiht oder Sohn des Mars
Markward *aus dem Althochdeutschen:* Grenze und Hüter
Markwart Nebenform von Markward
Marlon *englisch;* Bedeutung und Herkunft ungeklärt; vielleicht englisch-italienische Kurzform des englischen Vornamens Marlow oder von Merlin; oder vom altfranzösischen »esmerillon« = kleiner Falke; oder als Vorname verwendete walisische Ortsbezeichnung
Marlow *aus dem Altenglischen:* der vom Hügel am See
Marten auch Märten; niederdeutsche Formen von Martin
Martin auch Martinus; *lateinisch:* dem Kriegsgott Mars geweiht; oder: Sohn des Mars
Martino italienische Form von Martin
Mártoni ungarische Form von Martin
Marvin englischer Vorname; *aus dem Althochdeutschen:* berühmt und Freund
Marzellus eingedeutsche Form von Marcellus
Marzellinus eingedeutschte Form von Marcellinus
Masetto italienische Verkleinerungs- und Koseform von Thomas
Maso italienische Kurzform von Thomas
Massimo italienische Form von Maximus
Mat auch Matty; englische Kurz- und Koseformen von Mathew; auch als weiblicher Vorname!
Mateusz polnische Form von Matthäus
Mathew englische Form von Matthias
Mathieu französische Form von Matthäus oder Matthias
Mathis niederdeutsche Kurzform von Matthias
Matteo italienische Form von Matthäus oder Matthias
Matthäus Nebenform von Matthias
Matthias *hebräisch:* Gottesgeschenk
Matti finnische Form von Matthias

Mattia italienische Form von Matthias
Maurelius lateinische Verkleinerungsform von Maurus
Maurice französische Form von Mauritius
Mauricio spanische Form von Mauritius
Mauritius erweiterte Form von Maurus
Maurizio italienische Form von Mauritius
Maurus *lateinisch:* der Mohr, der Maure
Max Kurzform von Maximilian
Maxence französische Form von Maxentius
Maxentius *lateinisch:* der Große, Erhabene
Maxi Kurz- und Koseform von Maximilian; auch als weiblicher Vorname!
Maxim Kurzform von Maximus
Maximilian *lateinisch:* aus dem Geschlecht des Maximus
Maximo spanische Form von Maximus
Maximus *lateinisch:* der Größte
Maxwell englisch-amerikanischer Vorname; vielleicht *aus dem Altenglischen:* große Quelle
Mehmet türkische Form von Mohammed
Meiko auch Meik, Meike; niederdeutsche Kurz- und Koseformen von Vornamen, die mit »Mein-« zusammengesetzt sind; Meike auch als weiblicher Vorname!
Meinald *aus dem Althochdeutschen:* Kraft, Macht und walten, herrschen
Meiner Kurzform von Meinhard
Meinhard *aus dem Althochdeutschen:* Kraft, Macht und hart, stark, kühn
Meinhold Nebenform von Meinald
Meino friesische Kurzform von Vornamen, die mit »Mein-« zusammengesetzt sind
Meinold Nebenform von Meinald
Meinolf auch Meinulf; *aus dem Althochdeutschen:* Kraft, Macht und Wolf
Meinrad *aus dem Althochdeutschen:* Kraft, Macht und Rat, Ratgeber
Meinwald *aus dem Althochdeutschen:* Kraft, Macht und walten, herrschen
Meir auch Meijer; *hebräisch:* der Leuchtende
Melcher auch Melchert; Nebenformen von Melchior
Melchior *hebräisch:* Gott ist König (des Lichts)
Melvin auch Melvyn; englische Formen von Malwin
Menachem *hebräisch:* Tröster
Menard niederdeutsche und französische Nebenform von Meinhard
Menno friesische Kurzform von Vornamen, die mit »Mein-« zusammengesetzt sind
Merlin *aus dem Mittelenglischen:* Falke; auch als weiblicher Vorname!

Merten rheinisch-niederländische Form von Martin
Mewes niederdeutsche Kurzform von Matthias oder Bartholomäus
Micha Kurzform von Michaja; auch als Kurzform von Michael aufgefasst; auch als weiblicher Vorname!
Michael *hebräisch:* wer ist wie Gott?
Michail russische Form von Michael
Michaja *hebräisch:* wer ist wie Jahwe?
Michel Kurzform und französische Form von Michael
Mies Kurzform Bartholomäus
Miguel spanische und portugiesische Form von Michael
Mihal polnische Form von Michael
Mihály ungarische Form von Michael
Mikael schwedisch-norwegische Form von Michael
Mikal auch Mikkel; dänische und schwedische Kurzformen von Michael
Mike englische Kurz- und Koseform von Michael; auch als weiblicher Vorname!
Miklas slawische Nebenform von Nikolaus
Miklós ungarische Form von Nikolaus
Mikosch slawische Form von Nikolaus
Mikulas slawische Form von Nikolaus
Milan Kurzform von Miloslaw; auch slawische Form von Emil
Miles englischer Vorname; *aus dem Lateinischen:* Krieger
Milko Kurz- und Koseform von Miloslaw
Miloslaw *slawisch:* lieb, angenehm und Ehre, Ruhm
Minja Kurzform von Michail; auch als weiblicher Vorname!
Mirko Kurzform und slawische Form von Miroslaw
Miroslaw *slawisch:* Friede und Ehre, Ruhm
Mischa russische Kurzform von Michael
Mitja russische Kurzform von Dimitri
Modest auch Modestus; *lateinisch:* der Bescheidene, Sanftmütige
Modesto englische und italienische Form von Modest
Mohammed *arabisch:* gepriesen
Mombert *aus dem Althochdeutschen:* Gedanke und glänzend
Mombrecht Nebenform von Mombert
Momme (o) Kurz- und Koseformen von Vornamen, die mit »Mom-« oder »Muni-« zusammengesetzt sind
Montgomery englischer Vorname; ursprünglich Familienname; *aus dem Altfranzösischen:* von des Wohlhabenden Schloss
Morgan englischer Vorname keltischer Herkunft: zum Meer gehörig, auf See geboren
Moric tschechische Form von Mauritius

Moricz ungarische Form von Mauritius

Moritz eingedeutschte Form von Mauritius

Morris englische Form von Mauritius

Morten dänische und norwegische Form von Martin

Mortimer englischer Vorname, ursprünglich Familienname; vom französischen Ort Mortemer (vom ruhigen Wasser) in der Normadie; oder *aus dem Gälischen:* Meereskundiger

Moses *ägyptisch:* Sohn; oder: aus dem Wasser gezogen

Muck Kurz- und Koseform von Nepomuk

Muhamed auch Muhammed, Muhammad; Nebenformen von Mohammed

Murillo spanische Form von Maurelius

Mustafa *aus dem Arabischen:* der achte Stamm und der Auserwählte; Beiname des Propheten Mohammed

Nn

Nahum *hebräisch:* Tröster, trostreich (ist Gott)

Namik türkischer Vorname arabischer Herkunft: der Schreiber

Nando Kurzform von Vornamen, die mit dem germanischen »nantha« = wagemutig, kühn zusammengesetzt sind, z. B. Nandolf

Nandolf *aus dem Althochdeutschen:* wagemutig, kühn und Wolf

Nándor ungarische Form von Ferdinand

Nanno (e) Kurzformen von Vornamen, die mit dem germanischen »nantha« = wagemutig, kühn zusammengesetzt sind, z. B. Nandolf; Nanne auch als weiblicher Vorname!

Nante niederdeutsche und friesische Kurzform von Ferdinand

Nantwig *aus dem Althochdeutschen:* wagemutig, kühn und Freund

Narciso italienische Form von Narziß

Narcisse französische Form von Narziß

Narziß *griechisch:* Narzisse

Nat englische Kurz- und Koseform von Nathanael oder Jonathan

Natalis *lateinisch:* der zu Weihnachten Geborene

Nathan *hebräisch:* er (Gott) hat gegeben

Nathanael *hebräisch:* (den) Gott gibt (gab)

Neidhard auch Neidhart, Nithard; *aus dem Althochdeutschen:* Kampfeszorn, wilder Eifer und hart, stark, kühn

Neklas niederdeutsche Kurzform von Nikolaus

Nelo Kurzform von Emanuel

Nelson *englisch:* Niels (Kurzform von Cornelius; dänische Form von Nils) Sohn

Nepomuk *slawisch:* der Mann aus Pomuk (Ort in Böhmen)

Neres rheinische Kurzform von Reiner oder Werner

Nestor *griechisch:* der immer Zurückkehrende

Niccolò italienische Form von Nikolaus

Nicholas englische Form von Nikolaus

Nick englische Kurz- und Koseform von Nikolaus

Nico italienische Kurz- und Koseform von Niccolò oder Nicola; auch als weiblicher Vorname!

Nicol Kurzform von Nikolaus

Nicola italienische Form von Nikolaus; auch als weiblicher Vorname!

Nicolai Nebenform von Nikolai

Nicolas französische und englische Form von Nikolaus

Nidger *aus dem Althochdeutschen:* Missgunst und Speer

Niels Kurzform von Cornelius; dänische Form von Nils

Nies Kurz- und Koseform von Dionysius; auch als weiblicher Vorname!

Nik russische Kurzform von Nikolai

Niki Koseform von Nikolaus; auch als weiblicher Vorname!

Nikita russische Koseform von Nikolai

Niklas auch Niklaus; Kurzformen von Nikolaus

Niko auch Nico; Kurzformen von Nikolaus

Nikodemus *griechisch:* Sieg und Volk

Nikol Kurzform von Nikolaus

Nikolai auch Nikolaj, Nicolai; russische Formen von Nikolaus

Nikolaus *griechisch:* Sieg und Volksmenge

Nils schwedische Kurzform von Nikolaus

Nino italienische Verkleinerungsform von Giovanni

Nis Nebenform von Nies

Nithard Nebenform von Neidhard

Noah *hebräisch:* Ruhebringer

Noël französische Form von Natalis

Nolde auch Nolte; Kurzformen von Arnold

Norbert auch Nordbert; *aus dem Althochdeutschen:* Norden und glänzend

Nordwin *aus dem Althochdeutschen:* Norden und Freund

Norman *aus dem Althochdeutschen:* Norden und Mann

Norwin *aus dem Althochdeutschen:* Norden und Freund
Notger auch Notker; *aus dem Althochdeutschen:* Bedrängnis, Gefahr und Speer; Umkehrung von Gernot
Nys Nebenform von Nies

Oo

Obbe (o) friesische Kurzformen von Vornamen, die mit »Od-« oder »Ot-« zusammengesetzt sind
Oberon eingedeutschte Form von dem französischen Vornamen Auberon = Alberich
Oberto italienische Form von Hubert
Octavien französische Form von Octavius
Octavio italienische und spanische Form von Octavius
Octavius *lateinisch:* aus dem römischen Geschlecht der Octavier
Odemar auch Odomar; Nebenform von Otmar
Odi schweizerische Kurzform von Adam
Odilo Koseform von Odo
Odin *nordisch:* der Rasende; der Vorname des germanischen Gottes Odin = Wotan
Odo Kurzform von Vornamen, die mit »Od-« oder »Ot-« zusammengesetzt sind; niederdeutsche Kurzform von Otto
Odoardo italienische Nebenform von Edward
Odulf *aus dem Althochdeutschen:* Besitz und Wolf
Odwin *aus dem Althochdeutschen:* Besitz und Freund
Ogier französische Form von Edgar
Ohlsen niederdeutsche Form von Ulrich
Oktavius Nebenform von Octavius
Olaf auch Olav; *nordisch:* Erbe, Nachkomme des Vorvaters
Olcay türkischer Vorname; *aus dem Arabischen:* Glück; auch als weiblicher Vorname!
Oldrich Nebenform von Adalrich
Oldwig Nebenform von Adalwig
Ole Kurzform von Vornamen, die mit »Ul-«, »Od-« oder »Ol-« zusammengesetzt sind; auch dänische Kurzform von Olaf
Oleander Blumenname nach dem immergrünen Strauch
Oleg russische Form von Helge
Olf Kurzform von Vornamen, die mit »-olf« zusammengesetzt sind
Olfert ostfriesische Form von Wolfhart
Oliver englischer Vorname; von dem nordischen »Olafr«, »Oleifr«,

alten Formen von Olaf; der französische Vorname Olivier (vom altfranzösischen »olif« = Olivenzweig und »olivier» = Olivenbaum) verdrängte die nordischen Vornamen

Olivier französische Form von Oliver

Oliviero italienische Form von Oliver

Olli auch Ollie, Olly; Kurzformen von Oliver; auch als weiblicher Vorname!

Olof schwedische Form von Olaf

Olrik Nebenform von Adalrich

Oluf niederdeutsche und dänische Form von Olaf

Olympus *griechisch:* der vom Berg Olymp

Omar *arabisch:* der Höchste, der Erstgeborene

Ömer türkische Form von Omar

Ondra russische Form von Andreas

Onorio italienische Form von Honorius

Oomke niederdeutsche Form von Otmar

Orbán ungarische Form von Urban

Orell schweizerische Form von Aurel

Orlando italienische Form von Roland

Orpheus Gestalt der griechischen Mythologie

Orson englisch-amerikanischer Vorname; *aus dem Altenglischen:* Sohn des Speerträgers; oder *aus dem Altfranzösischen:* kleiner Bär

Ortfried *aus dem Althochdeutschen:* Speerspitze und Friede

Ortger *aus dem Althochdeutschen:* Speerspitze und Speer

Ortlieb *aus dem Althochdeutschen:* Speerspitze und lieb oder Erbe

Ortnid auch Ortnit; *aus dem Althochdeutschen:* Speerspitze und Zorn, Feindschaft

Ortulf auch Ortluf; Ortolf; *aus dem Althochdeutschen:* Speerspitze und Wolf

Ortwin *aus dem Althochdeutschen:* Speerspitze und Freund

Oskar auch Oscar; neuere Formen von Ansgar

Osman türkischer Vorname; zu einem arabischen Eigennamen; auch englische Form von Osmund

Osmar *aus dem Althochdeutschen:* Gott und berühmt

Osmond französische Form von Osmund

Osmund *aus dem Althochdeutschen:* Gott und Schutz, Schützer

Ossi (y) Kurz- und Koseform von Vornamen, die mit »Os-« zusammengesetzt sind

Ossip russische Form von Joseph

Ostian *lateinisch:* der aus Ostia Stammende

Oswald *aus dem Althochdeutschen:* Gott und walten, herrschen

Oswin *germanisch:* Gott und Freund

Otbert *aus dem Althochdeutschen:* Besitz und glänzend

Otfried ältere Form Odofred; *aus dem Althochdeutschen:* Besitz und Friede

Otger auch Otker; *aus dem Althochdeutschen:* Besitz und Speer

Otmar auch Othmar, Ottmar; *aus dem Althochdeutschen:* Besitz und berühmt

Otto Kurzform von Vornamen, die mit »Ot-« oder »Od-« zusammengesetzt sind

Ottokar *aus dem Althochdeutschen:* Besitz und wachsam

Ottomar Nebenform von Otmar

Ottone italienische Form von Otto

Ottorino italienische erweiterte Form von Otto

Otwald *aus dem Althochdeutschen:* Besitz und walten, herrschen

Otward *aus dem Althochdeutschen:* Besitz und Hüter

Otwin auch Odwin; *aus dem Althochdeutschen:* Besitz und Freund

Owe auch Ouwe, Ove; friesische Formen von Uwe

Owen englische Form von Eugen

Pp

Paavo finnische Form von Paul

Pablo spanische Form von Paul

Paco spanische Koseform von Franziskus

Paddy englische Kurz- und Koseform von Patrick

Padraic irische Koseform von Patricius

Pako baskische Koseform von Franziskus

Pál ungarische Form von Paul

Palmiro *italienisch:* von Palmsonntag hergeleitet

Pancho spanische Koseform von Franziskus

Pankratius auch Pancratius, Pankraz; *griechisch:* alle, ganz und Kraft, Macht; der Allherscher

Pantaleon *griechisch:* alles, ganz und Löwe

Paolo italienische Form von Paul

Parsifal auch Parzival; von dem altfranzösischen »Perceval« = Taldurchstreifer

Pascal französische Form von Paschalis

Paschalis *lateinisch:* österlich, der zum Osterfest Gehörige

Pascual spanische Form von Paschalis

Pasquale italienische Form von Paschalis

Pat englische Kurzform von Patrick; auch als weiblicher Vorname!

Patricius auch Patrizius; *lateinisch:* der Adlige, der Patrizier

Patrick irisch-englische Form von Patricius

Paul vom lateinischen »Paulus« = der Kleine

Paulin erweiterte Form von Paul

Paulinus lateinische Form von Paulin

Pavel tschechische Form von Paul

Pawel polnische und russische Form von Paul

Peder rätoromanische und dänische Form von Peter

Pedro spanische Form von Peter

Peer nordische Form von Peter

Peet friesische Kurzform von Peter

Pekka finnische Koseform von Peter

Pepe spanische Kurz- und Koseform von Joseph

Pepito Verkleinerungsform von Pepe

Peppi Koseform von Joseph; auch als weiblicher Vorname!

Peppo italienische Kurz- und Koseform von Joseph

Per schwedische Form von Peter

Percy englische Kurzform von Parsifal

Peregrinus *lateinisch:* der Fremde

Pérez spanische Form von Peter

Perikles *griechisch:* sehr berühmt

Pero italienische Kurzform von Piero

Perry englische Kurz- und Koseform von Peregrinus; oder von dem altfranzösischen »Pierrey« = kleiner Peter; auch als weiblicher Vorname!

Petar bulgarische Form von Peter

Peter *griechisch:* Fels, Stein

Petko bulgarische Form von Peter

Petr tschechische und russische Form von Peter

Petronius *lateinisch:* zum altrömischen Geschlecht der Petronier gehörend; ursprünglich vom griechischen »petros« = Fels

Petrus lateinische Form von Peter

Phil englische Kurz- und Koseform von Philip

Philemon *griechisch:* liebend, freundlich

Philip englische Form von Philipp

Philipp *griechisch:* der Pferdefreund

Philo *griechisch:* der Freund

Piero italienische Form von Peter

Pierre französische Form von Peter

Piet auch Pieter; niederländische und niederdeutsche Formen von Peter

Pietari finnische Form von Peter

Pietro italienische Form von Peter

Pinkas *hebräisch:* der Mohr

Pinkus Nebenform von Pinkas oder *hebräisch:* der Gesegnete

Pio italienische und spanische Form von Pius

Pippin *germanisch;* Name dreier karolingischer Regenten; Bedeutung unsicher; vielleicht althochdeutsch: Pfeifer

Pirmin Herkunft und Bedeutung ungeklärt; vielleicht *aus dem Gälischen:* aufrechter Mann

Pitt auch Pit, Pitter; rheinische Formen von Peter

Pius *lateinisch:* der Fromme

Pjotr russische Form von Peter

Placido spanische Form von Placidus

Placidus *lateinisch:* sanft, friedlich

Poldi oberdeutsche Kurz- und Koseform von Leopold; auch als weiblicher Vorname!

Prosper *lateinisch:* der Glückliche

Prospero italienische Form von Prosper

Prudentius *lateinisch:* der Kluge

Qq

Quentin englische und französische Form von Quintin

Quinn *keltisch:* weise, schlau

Quint Kurzform von Quintus, Quintinus

Quintin erweiterte Form von Quintus

Quintinus lateinische Form von Quintin

Quintus *lateinisch:* der Fünfte

Quirin deutsche Form von Quirinus

Quirinus *lateinisch:* der Lanzenträger, Krieger; auch: der Mann aus Quirinum

Rr

Raban *aus dem Althochdeutschen:* Rabe

Radbod *aus dem Althochdeutschen:* Rat, Ratgeber und Bote, Gebieter

Radenko südslawische Kurzform von Vornamen, die mit »Rad-« zusammengesetzt sind

Radko Nebenform von Ratko

Radolf auch Radulf, Radlof; *aus dem Althochdeutschen:* Rat, Ratgeber und Wolf

Rafael Nebenform von Raphael

Raffael Nebenform von Raphael

Raffaele italienische Form von Raphael
Ragin Nebenform von Ragnar
Ragnar nordische Form von Rainer, Koseform von Reinhard
Ragnulf *aus dem Althochdeutschen:* Rat, Ratgeber und Wolf
Raimar Nebenform von Reinmar
Raimo auch Reimo; Kurzform von Vornamen, die mit »Raim-« oder »Reim-« zusammengesetzt sind
Raimondo italienische Form von Raimund
Raimund auch Reimund; *aus dem Althochdeutschen:* Rat, Ratschluss und Schutz
Rainald auch Reinald; Nebenformen von Reinold
Rainer auch Reiner; *aus dem Althochdeutschen:* Rat, Ratschluss und Herr
Rainier französische Form von Rainer
Ralf auch Ralph; Kurzformen von Radolf
Rambald auch Rambold; *aus dem Althochdeutschen:* Rabe und kühn
Rambert *aus dem Althochdeutschen:* Rabe und glänzend
Rambo Kurzform von Rambald
Ramón spanische Form von Raimund
Randal englische Form von Randolf
Rando Kurzform von Vornamen, die mit »Rand-« zusammengesetzt sind
Randolf auch Randulf; *aus dem Althochdeutschen:* Schild und Wolf
Randolt (d) *aus dem Althochdeutschen:* Schild und walten, herrschen
Randwig *aus dem Althochdeutschen:* Schild und Kampf
Ranko *slowenisch:* früh
Rantwig Nebenform von Randwig
Raoul französische Form von Radolf
Raphael *hebräisch:* Gott heilt
Rasmus Kurzform von Erasmus
Ratbert *aus dem Althochdeutschen:* Rat, Ratgeber und glänzend
Ratfried *aus dem Althochdeutschen:* Rat, Ratgeber und Friede
Ratger *aus dem Althochdeutschen:* Rat, Ratgeber und Speer
Rathard *aus dem Althochdeutschen:* Rat, Ratgeber und hart, stark, kühn
Rathold auch Ratold; *aus dem Althochdeutschen:* Rat, Ratgeber und walten, herrschen
Ratko Kurform von Vornamen, die mit »Rat-« oder »Rad-« zusammengesetzt sind
Ratmar *aus dem Althochdeutschen:* Rat, Ratgaber und berühmt
Ratmund *aus dem Althochdeutschen:* Rat, Ratgeber und Schutz
Rauf *arabisch:* gütig, gnädig
Raúl spanische Form von Radolf
Ray englische Kurz- und Koseform von Raimund
Raymond französische und englische Form von Raimund
Reginald alte Form von Reinold
Regino Kurzform von Reginald

Régnier französische Form von Rainer

Reichard Nebenform von Richard

Reichold oberdeutsche Form von Richold

Reichwin Nebenform von Richwin

Reik friesische Kurzform von Vornamen, die mit »Rein-« zusammengesetzt sind

Reimar Nebenform von Reinmar

Reimbald Nebenform von Reimbold

Reimbert auch Reimbrecht, Reinbert, Reinbrecht; *aus dem Althochdeutschen:* Rat, Ratschluss und glänzend

Reimbold *aus dem Althochdeutschen:* Rat, Ratschluss und kühn

Reimbrand auch Rembrand; *aus dem Althochdeutschen:* Rat, Ratschluss und Brand, Schwert

Reimer Nebenform von Reinmar

Reimo Nebenform von Raimo

Reimund Nebenform von Raimund

Reimut *aus dem Althochdeutschen:* Rat, Ratschluss und Geist, Sinn

Reinald Nebenform von Reinold

Reiner Nebenform von Rainer

Reinhard *aus dem Althochdeutschen:* Rat, Ratschluss und hart, stark, kühn

Reinhold Nebenform von Reinold

Reinmar *aus dem Althochdeutschen:* Rat, Ratschluss und berühmt

Reinold *aus dem Althochdeutschen:* Rat, Ratschluss und walten, herrschen

Reinolf auch Reinulf, Rainulf; *aus dem Althochdeutschen:* Rat, Ratschluss und Wolf

Reintje friesische Kurzform von Vornamen, die mit »Rein-« zusammengesetzt sind; auch als weiblicher Vorname!

Relf friesische Kurzform von Radolf

Rembert Nebenform von Reimbert

Remi auch Remy; französische Kurzformen von Remigius

Remigius *lateinisch:* der Ruderer

Remmert niederdeutsch-friesische Nebenform von Reimbert

Remo italienischer Vorname lateinischer Herkunft; Remus (= Ruder) ist einer der sagenhaften Gründer Roms

Renard französische Form von Reinhard

Renato italienische Form von Renatus

Renatus *lateinisch:* der Wiedergeborene

René französische Form von Renatus

Renja russische Kurzform von Andrej; auch als weiblicher Vorname!

Reno italienische Kurzform von Renatus

Rentje friesische Kurzform von Vornamen, die mit »Rein-« zusammengesetzt sind; auch als weiblicher Vorname!

Renz Kurzform von Lorenz

Renzo italienische Kurz- und Koseform von Lorenzo

Rex englische Kurz- und Koseform von Reginald; auch vom lateinischen »rex« = König her gedeutet

Reynold englische Form von Reinold

Ricard französische Form von Richard

Ricardo englische und spanische Form von Richard

Riccardo italienische Form von Richard

Ricci (o) Kurzform von Riccardo

Richard *aus dem Althochdeutschen:* reich, mächtig und hart, stark, kühn

Richbert auch Richbrecht; *aus dem Althochdeutschen:* reich, mächtig und glänzend

Richmar *aus dem Althochdeutschen:* reich, mächtig und berühmt

Richold Nebenform von Richwald

Richwald *aus dem Althochdeutschen:* reich, mächtig und walten, herrschen

Richwin *aus dem Althochdeutschen:* reich, mächtig und Freund

Rick (y) englische Kurzformen von Richard

Rickmer friesische Nebenform von Richmar

Rico italienische Koseform von Enrico oder Riccardo

Ridzard auch Ridsert; friesische Formen von Richard

Riek niederdeutsche Kurzform von Richard

Rienzo italienische Kurzform von Laurentius

Rigobert Nebenform von Richbert

Rik niederländische Kurzform von Frederik oder Hendrik

Riklef auch Ricklef, Rickleff, Rickelf, Riglef; *aus dem Althochdeutschen:* mächtig und Sohn, Erbe, Hinterlassenschaft

Rimbert Nebenform von Reimbert

Rinaldo italienische Form von Reinold

Ringo Kurzform von Ringolf

Ringolf auch Ringulf; *aus dem Althochdeutschen:* Rat, Ratschluss oder Ruhm und Wolf

Rino Kurzform von Regino; auch italienische Kurzform von Rinaldo oder Marino

Risto finnische Kurzform von Christoph

Roald norwegische Form von Rodewald

Roar skandinavische Form von Rüdiger

Rob auch Robby; englische Kurzformen von Robert

Robert *aus dem Althochdeutschen:* Ruhm und glänzend

Roberto italienische und spanische Form von Robert

Robin englische Kurzform von Robert

Rocco italienische Form von Rochus

Rochus latinisierte Form des älteren französischen Vornamens »Roch«; vom althochdeutschen »rohon« = schreien, Kriegsruf

Rock auch Rocky; englisch-amerikanische Kurzformen von Rochus; auch vom englischen »rock« = Felsen

Roderich *aus dem Althochdeutschen:* Ruhm und reich, mächtig

Rodewald *aus dem Althochdeutschen:* Ruhm und walten, herrschen

Rodewig auch Rudewig; *aus dem Althochdeutschen:* Ruhm und Kampf, Krieg

Rodger Nebenform von Rüdiger

Rodolfo italienische und spanische Form von Rudolf

Rodolphe französische Form von Rudolf

Rodrigo spanische und italienische Form von Roderich

Roger niederdeutsche, englische und französische Form von Rüdiger

Rogier niederländische Form von Rüdiger

Roland *aus dem Althochdeutschen:* Ruhm und kühn

Rolf Kurzform von Rudolf

Rollo Kurzform von Rolof

Rolof auch Roloff, Roluf, Roolof; friesische Formen von Rudolf

Romain französische Form von Roman

Roman auch Romanus; *lateinisch:* der Römer

Román spanische Form von Roman

Romano italienische Form von Roman

Romeo italienische Kurzform von Barromeo und Borromeo, italienischen Kurzformen von Bartholomäus; oder *lateinisch:* der Besucher Roms; auch englische Form von Roman

Romulus *lateinisch:* Name eines der beiden sagenhaften Gründer Roms

Ron Kurzform von Ronald

Ronald englisch-schottische Form von Reinold

Ronny englische Kurz- und Koseform von Ronald; auch als weiblicher Vorname!

Roque spanische Form von Rochus

Ror wahrscheinlich Nebenform von Roar

Rothard *aus dem Althochdeutschen:* Ruhm, Ehre und hart, stark, kühn

Rother *aus dem Althochdeutschen:* Ruhm, Ehre und Heer, Krieger

Rouven neuere Form von Ruben

Rowland englische Form von Roland

Roy englischer Vorname keltischer Herkunft: der Rote

Ruben *hebräisch:* seht, ein Sohn!

Rudi Kurz- und Koseform von Rudolf

Rüdiger *aus dem Althochdeutschen:* Ruhm, Ehre und Speer

Rudmar *aus dem Althochdeutschen:* Ruhm, Ehre und berühmt

Rudolf auch Rudolph; *aus dem Althochdeutschen:* Ruhm, Ehre und Wolf

Rudolfo spanische und italienische Form von Rudolf

Ruffo italienische Form von Rufus

Rufinus erweiterte Form von Rufus
Rufus *lateinisch:* der Rothaarige
Ruggero italienische Form von Rüdiger
Ruggiero italienische Form von Rüdiger
Ruland Nebenform von Roland
Ruodi schweizerische Kurzform von Rudolf
Rupert auch Ruppert; *aus dem Althochdeutschen:* Ruhm, Ehre und glänzend
Ruprecht *aus dem Althochdeutschen:* Ruhm, Ehre und glänzend
Rurik nordische und russische Form von Roderich
Rutger auch Rütger, Rüttger; Nebenformen von Rüdiger
Ruthard Nebenform von Rothard
Ruthart Nebenform von Rothard
Rutmar Nebenform von Rudmar
Ruven Nebenform von Ruben
Ruwen Nebenform von Ruben

S

Sachar russische Form von Zacharias
Saladin *arabisch:* Heil des Glaubens
Salim Kurzform von Salomo
Sally auch Salli, Sallie, Sallo; Koseformen von Salomo oder Samuel; auch als weiblicher Vorname!
Salomo *hebräisch:* der Friedfertige, der Friedliche
Salomon Nebenform von Salomo
Salvador spanische Form von Salvator
Salvator *lateinisch:* der Retter, der Erlöser
Salvatore italienische Form von Salvator
Sam englische Kurzform von Samuel
Sammy englische Kurz- und Koseform von Samuel
Samson griechisch beeinflusste Nebenform von Simson
Samuel *hebräisch:* (ich bin) von Gott erhört
Sander Kurzform von Alexander
Sándor ungarische Kurzform von Alexander
Sandro italienische Kurzform von Alessandro
Sandy englische Koseform von Alexander; auch als weiblicher Vorname!
Sanja russische Kurzform von Alexander; auch als weiblicher Vorname!
Santo *italienisch:* der Heilige
Sascha russische Kurzform von Alexander; auch als weiblicher Vorname!

Saul *hebräisch:* der Erbetene, der Begehrte

Scott amerikanischer Vorname; eigentlich Familienname: der Schotte

Sczepan slawische Form von Stephan

Sean auch Shaun, Shawn; irische Formen von Johannes

Sebald auch Sebold; Nebenformen von Siegbald

Sebaldus latinisierte Form von Sebald

Sebastian *griechisch:* der Ehrwürdige, Erhabene

Sebastiano italienische Form von Sebastian

Sébastien französische Form von Sebastian

Selim arabische Form von Salomo

Semjon russische Form von Simon

Sepp auch Seppel; oberdeutsche Kurz- und Koseformen von Joseph

Septimus *lateinisch:* der Siebte

Seraph auch Seraphin; *hebräisch:* der Brennende, der Feurige; Bezeichnung für Engel

Serenus *lateinisch:* der Heitere, Fröhliche

Serge französische und englische Form von Sergius

Sergej russische Form von Sergius

Sergio italienische und spanische Form von Sergius

Sergiu rumänische Form von Sergius

Sergius *lateinisch:* aus dem altrömischen Geschlecht der Sergier; ursprüngliche Bedeutung: Wächter, Diener

Servais französische Form von Servatius

Servatius auch Servaz; *lateinisch:* der Gerettete

Severin auch Severinus; *lateinisch:* der Strenge, Ernste

Sidonius *lateinisch:* der aus Sidon Stammende

Siebold Nebenform von Siegbald

Siegbald auch Siegbold; *aus dem Althochdeutschen:* Sieg und kühn

Siegbert auch Siegbrecht; *aus dem Althochdeutschen:* Sieg und glänzend

Siegfried auch Sigfrid; *aus dem Althochdeutschen:* Sieg und Friede

Sieghard auch Sieghart, Sighard, Sighart; *aus dem Althochdeutschen:* Sieg und hart, stark, kühn

Siegmar auch Sigmar; *aus dem Althochdeutschen:* Sieg und berühmt

Siegmund auch Sigmund, Sigismund; *aus dem Althochdeutschen:* Sieg und Schutz

Siegolf *aus dem Althochdeutschen:* Sieg und Wolf

Siegward auch Sigwart; *aus dem Althochdeutschen:* Sieg und Hüter

Sigi auch Siggi; Kurz- und Koseformen von Vornamen, die mit »Sieg-« oder »Sig-« zusammengesetzt sind; auch als weiblicher Vorname!

Sigisbert auch Siegbert, Sigibert; *aus dem Althochdeutschen:* Sieg und glänzend

Sigismond französische Form von Sigismund

Sigismondo italienische Form von Sigismund

Sigismund auch Siegmund; *aus dem Althochdeutschen:* Sieg und Schutz

Sigurd skandinavische Form von Siegward

Silvain französische Form von Silvan

Silvan Neubildung vom lateinischen »silva« = Wald

Silvano italienische Form von Silvan

Silvanus auch Sylvanus; latinisierte Formen von Silvan

Silvester auch Sylvester; *lateinisch:* im Wald lebend

Silvestre französische Form von Silvester

Silvio italienische Form von Silvius

Silvius vom lateinischen »silva« = Wald

Simeon *hebräisch:* (Geschenk der) Erhörung

Simon Nebenform von Simeon

Simone italienische Form von Simon; auch als weiblicher Vorname!

Simson *hebräisch:* Glänzender, Starker, wie die Sonne

Sindram auch Sintram; *aus dem Althochdeutschen:* Weg, Reise oder Sinn, Verstand und Rabe

Sisto italienische Form von Sixtus

Sixtus lateinische Umbildung aus dem Griechischen: der Feine, Glatte; auch nach dem lateinischen »sextus» = der Sechste gedeutet

Slava auch Slavko; slawische Kurzformen von Vornamen, die mit »slava« = Ruhm zusammengesetzt sind

Slawomir polnischer Vorname: Ruhm und Friede

Sobek polnische Form von Sebastian

Soliman türkische Form von Salomo

Solms slawische Form von Salomo

Solomon englische Form von Salomo

Söncke auch Sönke; *niederdeutsch-friesisch:* Söhnchen

Sören dänische und niederdeutsche Form von Severin

Stan englische Kurzform von Stanley

Stanek Kurz- und Koseform von Stanislaus

Stanislao italienische Form von Stanislaus

Stanislas französische Form von Stanislaus

Stanislaus latinisierte Form von Stanislaw

Stanislaw *slawisch:* standhaft und Ruhm

Stanley englischer Vorname; ursprünglich Familienname aus einer Örtlichkeitsbezeichnung: steiniges Feld

Steen dänische und englische Form von Sten

Stefan Nebenform von Stephan

Stefano italienische Form von Stephan

Steffen niederdeutsche Form von Stefan

Steffi auch Steffie; Kurz- und Koseformen von Stephan; Steffi auch als weiblicher Vorname!

Sten norwegischer und schwedischer Vorname; vom runenschriftlichen »sten« = Stein

Stephan auch Stefan, Stephanus; *griechisch:* Krone, Kranz

Stephen englische Form von Stephan

Steve englische Kurzform von Stephan

Steven englische und niederländische Nebenform von Stephan

Stig *nordisch:* Wanderer

Stuart englischer Vorname; ursprünglich Familienname: Hausbewahrer

Suleiman persische und türkische Form von Salomo

Sven *nordisch:* junger Mann, Knappe

Svend dänische Form von Sven

Sweer *aus dem Altsächsischen:* stark, recht und Heer

Swen Nebenform von Sven

Sylvain französische Form von Silvan

Sylvanus Nebenform von Silvan

Sylvester Nebenform von Silvester

Symeon Nebenform von Simeon

Tt

Tamás ungarische Form von Thomas

Tamino *griechisch:* Herr, Gebieter

Tancredo italienische Form von Tankred

Tankred *aus dem Althochdeutschen:* Dank oder Gedanke und Rat, Ratgeber; entspricht Dankrat

Tassilo auch Thassilo; Verkleinerungsformen von Tasso

Tasso alter deutscher oder alter italienischer Name; zum italienischen »tasso« = Taxus, Eibe

Ted auch Teddy; englische Kurz- und Koseformen von Theodore oder Edward

Teetje auch Tetje; friesische Kurzformen von Vornamen, die mit »Diet-« zusammengesetzt sind; auch Kurzform von Theodor; Tetje auch als weiblicher Vorname!

Teilhard französischer Vorname; Bedeutung unsicher; erster Namensbestandteil wahrscheinlich auf einen Ort bezogen, zweiter Bestandteil: das althochdeutsche »harti« = hart, stark, kühn

Tell vermutlich nach dem Schweizer Nationalhelden Wilhelm Tell; vielleicht vom althochdeutschen »dala« = hell, klar

Teo Nebenform von Theo

Teodoro italienische und spanische Form von Theodor
Teofilo italienische und spanische Form von Theophil
Tetje Nebenform von Teetje
Teunis niederländische Form von Anton
Teves Nebenform von Tewes
Tewes Kurzform von Matthäus oder Matthias
Thaddäus *aramäisch:* der Beherzte, Mutige; oder *griechisch:* Lobpreis
Thaisen friesische Kurzform von Matthias
Thassilo Nebenform von Tassilo
Theo auch Teo; Kurzformen von Vornamen, die mit »Teo-« oder »Theo-« zusammengesetzt sind
Theobald Nebenform von Dietbald
Theodemar Nebenform von Dietmar
Theoderich Nebenform von Dietrich
Theodor *griechisch:* Geschenk Gottes
Theodore englische Form von Theodor
Théodore französische Form von Theodor
Theodosius *griechisch:* Geschenk Gottes
Theodulf auch Theodolf; Nebenformen von Dietwolf
Theophil *griechisch:* Gottesfreund
Thewald Nebenform von Dietwald oder Theobald
Thibauld französische Form von Theobald
Thibaut französische Form von Theobald
Thibert französische Form von Dietbert
Thiede auch Tiede; friesische Kurzformen von Vornamen, die mit »Diet-« zusammengesetzt sind
Thiemo auch Thieme, Thimo; Kurzformen von Vornamen, die mit »Diet-« zusammengesetzt sind
Thieß auch Thies, This; Kurzformen von Matthias
Thilo auch Tilo; Kurzformen von Vornamen, die mit »Diet-« zusammengesetzt sind
Thomas *hebräisch:* der Zwilling
Thor nordische Form von Donar, Name des germanischen Donnergottes; vom nordischen »thor« = kühn
Thoralf Nebenform von Toralf
Thorbjörn dänische Nebenform von Torbjörn
Thorbrand auch Torbrand; *nordisch:* Thor und *althochdeutsch:* Brand, Schwert
Thorolf auch Thorulf; Nebenformen von Torolf
Thorsten Nebenform von Torsten
Thorwald Nebenform von Torwald
Tialf ostfriesische Kurzform von Dietleib und Dietolf
Tiard auch Tiart; friesische Kurzformen von Diethard
Tiark auch Tiarke; ostfriesische Kurzformen von Diederik

Tibère französische Form von Tiberius

Tiberio italienische Form von Tiberius

Tiberius *lateinisch:* dem Flussgott Tiberis geweiht

Tibor ungarische Form von Tiberius

Till auch Tile, Tyl; alte niederdeutsch-friesische Kurzformen von Vornamen, die mit »Diet-« zusammengesetzt sind; auch Kurzform von Tillmann; Till auch als weiblicher Vorname!

Tillmann auch Tilmann; Tilman; *aus dem Althochdeutschen:* Volk und Mann

Tim auch Timm, Timme, Timmo, Timo; niederdeutsch-friesische Kurzformen von Thiemo

Timon *griechisch:* der Geehrte, Angesehene

Timoteo italienische und spanische Form von Timotheus

Timothée französische Form von Timotheus

Timotheus *griechisch:* Gott ehrend

Timothy englische Form von Timotheus

Tino italienische Kurz- und Koseform von Vornamen, die mit »-tino« zusammengesetzt sind

Titianus erweiterte Form von Titus

Tito italienische Form von Titus

Titus *lateinisch:* der Geehrte, Verdienstvolle; eigentlich Name des altrömischen Geschlechts Titius; auch mit dem Riesen Tityos in Zusammenhang gebracht

Tizian Nebenform von Tiziano

Tiziano italienische Form von Titianus

Tjalf Nebenform von Tialf

Tjark Nebenform von Tiark

Tobi Kurzform von Tobias

Tobias *hebräisch:* Gott ist gut, gütig

Toby englische Kurzform von Tobias

Tom englische Kurzform von Thomas

Tomás spanische Form von Thomas

Tomaso italienische Form von Thomas

Tomasz polnische Form von Thomas

Tommaso italienische Form von Thomas

Tommy englische Kurz- und Koseform von Thomas

Toni (y) Kurz- und Koseform von Anton; auch als weiblicher Vorname!

Tonio italienische und spanische Kurzform von Antonio

Toralf *nordisch:* Thor und Elf, Naturgeist

Torbjörn *nordisch:* Thor und Bär oder Mann, Held, Krieger

Torbrand Nebenform von Thorbrand

Tord nordische Kurzform von Vornamen, die mit »Tore-« zusammengesetzt sind; oder *nordisch:* Thor und Friede

Torolf auch Torulf; *nordisch:* Thor und Wolf
Torsten *nordisch:* Thor und Stein(waffe)
Torwald *nordisch:* Thor und *althochdeutsch:* walten, herrschen
Traugott Vorname aus pietistischer Zeit (17. und 18. Jahrhundert)
Trauthold *aus dem Althochdeutschen:* Kraft, Stärke und walten, herrschen
Trautmann *aus dem Althochdeutschen:* Kraft, Stärke und Mann, Mensch
Trautwein auch Trautwin, Trudwin; *aus dem Althochdeutschen:* Kraft, Stärke und Freund
Tristan *aus dem Keltischen:* Waffengeklirr
Tristram Nebenform von Tristan; oder *aus dem Lateinischen:* der Sorgenvolle, Traurige
Trudbert *aus dem Althochdeutschen:* Kraft, Stärke und glänzend
Trudo Kurzform von Trudbert
Trutz *aus dem Mittelhochdeutschen:* Trotz, Widerstand
Tryggve *skandinavisch:* treu, zuverlässig
Ture schwedische Kurzform von Vornamen, die mit »Tore-« zusammengesetzt sind
Tycho angelehnt an das griechische »tyche« = Glück, Schicksal, Fügung
Tyciak polnische Koseform von Matthias
Tymoteusz polnische Form von Timotheus

U

Ubald *aus dem Althochdeutschen:* Sinn, Geist, Verstand und kühn
Ubbo friesische Kurzform von Vornamen, die mit »-ulf« zusammengesetzt sind; auch Kurzform von Ubald
Uberto italienische Form von Hubert
Udalfried *aus dem Althochdeutschen:* Erbgut, Heimat und Friede
Udo Kurzform von Vornamen, die mit »Ud-« oder »Ul-« zusammengesetzt sind, vor allem Ulrich; auch Nebenform von Odo
Ugo italienische Form von Hugo
Uhland Nebenform von Uland
Uland *aus dem Althochdeutschen:* Erbgut, Heimat und Land
Ulbert *aus dem Althochdeutschen:* Erbgut, Heimat und glänzend
Uldarico italienische Form von Ulrich
Ulf Kurzform von Vornamen, die mit »Ulf-« oder »-ulf« zusammengesetzt sind
Ulfart ostfriesische Kurzform von Wolfhard
Ulfert auch Ulferd; Nebenformen von Ulfart
Ulfried Nebenform von Udalfried
Uli auch Ulli; Kurz- und Koseformen von Ulrich; auch als weiblicher Vorname!

Ulrich *aus dem Althochdeutschen:* Erbgut, Heimat und reich, mächtig

Ulrico italienische Form von Ulrich

Ulrik niederdeutsch-friesische und nordische Form von Ulrich

Umberto italienische Form von Humbert

Urbain französische Form von Urban

Urban auch Urbanus; *lateinisch:* der Stadtbewohner

Urbano italienische Form von Urban

Urias *hebräisch:* Jahwe (Gott) ist Licht

Uriel *hebräisch:* Gott ist Licht

Urs Kurzform von Ursus

Ursus *lateinisch:* der Bär

Utz auch Uz; oberdeutsche Kurzformen von Ulrich und anderen Vornamen, die mit »Ud-« oder »Ul-« zusammengesetzt sind

Uwe auch Uvo, Uwo, Owe; friesische Kurzformen von Vornamen, die mit »Ud-« oder »Ul-« zusammengesetzt sind

V

Václav tschechische Form von Wenzeslaus

Valentin *lateinisch:* gesund, kraftvoll

Valentinus latinisierte Form von Valentin

Valerian erweiterte Form von Valerius

Valerianus latinisierte Form von Valerian

Valérien französische Form von Valerian

Valerio italienische Form von Valerius

Valerius *lateinisch:* aus der Familie der Valerier; vom lateinischen »valens« = gesund, stark

Valéry französische Nebenform von Valérien

Valten auch Valtin; oberdeutsche Kurz- und Koseformen von Valentin

Vanja slawischer Vorname; Bedeutung ungeklärt; in Schweden als weibliche Form von Ivan aufgefasst

Vasco *spanisch-portugiesisch:* der Baske

Vasile rumänische Form von Basilius

Veit alter deutscher Vorname; vom althochdeutschen »witu« = Holz, Wald

Velten auch Veltin; niederdeutsche Kurzformen von Valentin

Verner dänische und schwedische Form von Werner
Vernier französische Form von Werner
Vicente spanische und italienische Form von Vinzenz
Vico italienische Kurzform von Vornamen, die mit »vico« zusammengesetzt sind; auch italienische Kurzform von Viktor
Vida ungarische Form von Veit; auch als weiblicher Vorname!
Viktor auch Victor; *lateinisch:* der Sieger
Vilém tschechische Form von Wilhelm
Vilmar *aus dem Althochdeutschen:* viel und berühmt
Vilmos ungarische Form von Wilhelm
Vincent niederländische, englische und französische Form von Vinzenz
Vincenty polnische Form von Vinzenz
Vincenzo italienische Form von Vinzenz
Vinzenz auch Vinzent; *lateinisch:* der Sieger
Virgil auch Virgilius; altrömischer Familienname vermutlich etruskischer Herkunft: Stabträger
Vittorio auch Vittore; italienische Formen von Viktor
Vitus latinisierte Form von Veit
Vladimir russische Form von Wladimir
Volbert auch Volbrecht; Nebenform von Volkbert
Volkard auch Volkart; Nebenformen von Volkhard
Volkbert *aus dem Althochdeutschen:* Kriegsvolk und glänzend
Volker *aus dem Althochdeutschen:* Kriegsvolk und Heer
Volkert Nebenform von Volkhard
Volkhard *aus dem Althochdeutschen:* Kriegsvolk und hart, stark, kühn
Volkmann *aus dem Althochdeutschen:* Kriegsvolk und Mann, Mensch
Volkmar *aus dem Althochdeutschen:* Kriegsvolk und berühmt
Volkrad *aus dem Althochdeutschen:* Kriegsvolk und Rat, Ratgeber
Volkram *aus dem Althochdeutschen:* Kriegsvolk und Rabe
Volkwin *aus dem Althochdeutschen:* Kriegsvolk und Freund
Vollrad Nebenform von Volkrad
Vollrat Nebenform von Volkrad

W

Waclaw polnische Form von Wenzeslaus

Walbert Nebenform von Waldebert
Waldbert Nebenform von Waldebert
Waldebert *aus dem Althochdeutschen:* walten, herrschen und glänzend
Waldemar *aus dem Althochdeutschen:* walten, herrschen und berühmt
Waldfried *aus dem Althochdeutschen:* walten, herrschen und Friede
Waldo Kurzform von Vornamen, die mit »Wald-« zusammengesetzt sind; auch englische Form von Walter
Walram Nebenform von Waltram
Walt englische Kurzform von Walter
Walter auch Walther; *aus dem Althochdeutschen:* walten, herrschen und Herr
Walthard *aus dem Althochdeutschen:* walten, herrschen und hart, stark, kühn
Waltram auch Walraf; *aus dem Althochdeutschen:* walten, herrschen und Rabe
Wanja russische Koseform von Iwan
Wanko bulgarische Koseform von Iwan
Warner niederdeutsch-friesische Form von Werner
Warnfried niederdeutsch-friesische Form von Wernfried
Wasil slawische Kurzform von Basilius
Wasja russische Kurzform von Wassilij
Wassilij auch Wassili; russische Formen von Basilius
Wazlav Kurzform von Wenzeslaus
Wedekind niederdeutsche Nebenform von Widukind
Weigand Nebenform von Wigand
Weike friesische Kurzform von Wighard; auch als weiblicher Vorname!
Welf *aus dem Althochdeutschen:* Welpe, Tierjunges
Welfhard neue Zusammensetzung aus Welf und einem Vornamen, der mit »-hard« zusammengesetzt ist
Wellem niederdeutsch-rheinische Form von Wilhelm
Wendel Kurzform von Vornamen, die mit »Wen-« oder »Wendel-« zusammengesetzt sind
Wendelbert *aus dem Althochdeutschen:* aus dem Stamm der Wandalen und glänzend
Wendelin Kurz- und Koseform von Vornamen, die mit »Wendel-« zusammengesetzt sind
Wendelmar *aus dem Althochdeutschen:* aus dem Stamm der Wandalen und berühmt
Wenemar niederdeutsche Form von Winemar
Wenzel Kurzform von Wenzeslaus
Wenzeslaus latinisierte Form eines slawischen Vornamens; vom

slawischen »vjenez« = Kranz und »slawa« = berühmt

Werner auch Wernher; *aus dem Althochdeutschen:* aus dem Stamm der Warnen oder wehren und Heer

Wernfried auch Warnfried; *aus dem Althochdeutschen:* aus dem Stamm der Warnen oder wehren und Friede

Werno Kurzform von Vornamen, die mit »Wern-« zusammengesetzt sind

Wernt Kurzform von Vornamen, die mit »Wern-« zusammengesetzt sind

Wiard friesische Form von Wighard

Wichard Nebenform von Wighard

Wichert Nebenform von Wighard

Wido auch Wito; Kurzformen von Vornamen, die mit »Wid-« oder »Wit-« (zum althochdeutschen »witu« = Holz, Wald) zusammengesetzt sind

Widukind auch Wedekind; *aus dem Althochdeutschen:* Holz, Wald und Kind, Sohn

Wiegand Nebenform von Wigand

Wieland auch Weiland; *aus dem Althochdeutschen:* kunstfertig; wörtlich etwa: Goldschmied; ursprünglich vom angelsächsischen »veljan« = List und »lund« = Gesinnung

Wienand Nebenform von Winand

Wigand auch Wiegand; *aus dem Althochdeutschen:* Kampf und kühn, wagemutig; der Kämpfer

Wigbern *aus dem Althochdeutschen:* Kampf und Bär

Wigbert auch Wigbrecht, Wibert; *aus dem Althochdeutschen:* Kampf und glänzend

Wigbrand *aus dem Althochdeutschen:* Kampf und Brand, Schwert

Wiggo auch Wigge, Wigger; friesische Kurzformen von Vornamen, die mit »Wig-« zusammengesetzt sind

Wighard auch Wighart; *aus dem Althochdeutschen:* Kampf und hart, stark, kühn; Umkehrung von Hartwig

Wigmar *aus dem Althochdeutschen:* Kampf und berühmt

Wigram *aus dem Althochdeutschen:* Kampf und Rabe

Wikko Kurzform von Viktor

Wiland Nebenform von Wieland

Wilbert *aus dem Althochdeutschen:* Wille und glänzend

Wilbrand *aus dem Althochdeutschen:* Wille und Brand, Schwert

Wilbur amerikanischer Vorname; wahrscheinlich von dem weiblichen Vornamen Wilburg abgeleitet; oder von dem Familiennamen »Wildeboer« (wörtliche Bedeutung: fremder Landmann)

Wilfried *aus dem Althochdeutschen:* Wille und Friede

Wilhard *aus dem Althochdeutschen:* Wille und hart, stark, kühn

Wilhelm *aus dem Althochdeutschen:* Wille und Helm, Schutz

Wilko(e) friesische Kurzform von Vornamen, die mit »Wil(l)-« zusammengesetzt sind

Will Kurzform von Wilhelm oder von anderen Vornamen, die mit »Wil(l)-« zusammengesetzt sind

Willaert niederländische Form von Wilhard
Willard Nebenform und englische Form von Wilhard
Willehalm ältere Nebenform von Wilhelm
Willem niederdeutsche und niederländische Form von Wilhelm
Willi Kurz- und Koseform von Wilhelm
William englische Form von Wilhelm
Willibald *aus dem Althochdeutschen:* Wille und kühn
Willo friesische Kurzform von Vornamen, die mit »Wil(l)-« zusammengesetzt sind
Willy Kurz- und Koseform von Wilhelm
Wilm niederdeutsche Kurzform von Wilhelm
Wilmar auch Willmar; *aus dem Althochdeutschen:* Wille und berühmt
Wim Kurzform von Wilhelm
Winald *aus dem Althochdeutschen:* Freund und walten, herrschen
Winand auch Wienand; *aus dem Althochdeutschen:* Kampf und kühn; Umkehrung von Nantwig
Winemar *aus dem Althochdeutschen:* Freund und berühmt
Winfred englische Form von Winfried
Winfried *aus dem Althochdeutschen:* Freund und Friede; das englische Winifred ist jedoch ein weiblicher Vorname!
Wingolf erster Bestandteil ungeklärt und Wolf; oder vom altnordischen »vingolf« = Freundeshalle
Winibald *aus dem Althochdeutschen:* Freund und kühn
Winibert *aus dem Althochdeutschen:* Freund und glänzend
Winimar *aus dem Althochdeutschen:* Freund und berühmt
Winold friesische Nebenform von Winald
Winrich *aus dem Althochdeutschen:* Freund und reich, mächtig
Winston englischer Vorname; nach dem gleich lautenden Ortsnamen; *aus dem Altenglischen:* aus des Freundes Stadt
Wipert auch Wiprecht; Nebenformen von Wigbert
Witas schwedische Form von Veit
Wito Nebenform von Wido; Kurzform von Wittiko
Witold *aus dem Althochdeutschen:* Holz, Wald und walten, herrschen
Witte *aus dem Althochdeutschen:* Holz, Wald
Wittekind Nebenform von Widukind
Wittiko auch Witiko; *aus dem Althochdeutschen:* Holz, Wald und Gefolgsmann
Wladimir *slawisch:* Macht, Herrschaft und Friede
Wladislaw *slawisch:* Macht, Herrschaft und Ruhm
Wojciech polnische Form von Adalbert
Woldemar niederdeutsche und dänische Form von Waldemar

Wolf Kurzform von Vornamen, die mit »Wolf-« zusammengesetzt sind
Wolfdieter Zusammensetzung aus Wolf und Dieter
Wolfdietrich Zusammensetzung aus Wolf und Dietrich
Wolfer *aus dem Althochdeutschen:* Wolf und Heer
Wolfgang *aus dem Althochdeutschen:* Wolf und Waffengang, Streit
Wolfger *aus dem Althochdeutschen:* Wolf und Speer
Wolfgerd Zusammensetzung aus Wolf und Gerd
Wolfgünter Zusammensetzung aus Wolf und Günter
Wolfhard *aus dem Althochdeutschen:* Wolf und hart, stark, kühn
Wolfhart Nebenform von Wolfhard
Wolfhold *aus dem Althochdeutschen:* Wolf und walten, herrschen
Wolfhorst Zusammensetzung aus Wolf und Horst
Wolfrad *aus dem Althochdeutschen:* Wolf und Rat, Ratgeber
Wolfram *aus dem Althochdeutschen:* Wolf und Rabe
Wolfrat Nebenform von Wolfrad
Wolrat Nebenform von Wolfrad
Wolter niederdeutsche Form von Walter
Woody englisch-amerikanische Koseform von Vornamen, die mit »Wood-« zusammengesetzt sind
Wotan nach dem germanischen Gott
Wouter niederländische Form von Walter
Wulf Nebenform von Wolf
Wulfdietrich Nebenform von Wolfdietrich
Wulfhart Nebenform von Wolfhard
Wulfram Nebenform von Wolfram
Wunibald *aus dem Althochdeutschen:* Wonne, Freude und kühn
Wunibert *aus dem Althochdeutschen:* Wonne, Freude und glänzend
Wybren friesische Form von Wigbern oder Wigbrand
Wyn friesische Kurzform von Wynand
Wynand Nebenform von Winand
Wyne Nebenform von Wyn
Wyneke Nebenform von Wyn
Wyrich Nebenform von Wirich

Xx

Xander Kurz- und Koseform von Alexander
Xaver Vorname spanischer Herkunft; Beiname des heiligen Franz

Xaver, nach dem Geburtsort, dem Schloss Xavier (Javier) in Navarra

Xavery polnische Form von Xaver

Xavier englische und französische Form von Xaver

Xeno englische Form von Xenos

Xenos *griechisch:* der Fremde

Xeres englische Form von Xerxes

Xerxes griechischer Name des persischen Großkönigs mit dem hebräischen Namen Ahasver

Xylon *griechisch:* Holz

Xystus griechische Form von Sixtus

Y

Yadigar türkischer Vorname persischer Herkunft: Andenken

Yannic bretonische Kurzform von Jean

Yannick schweizerische Form von Yannic

Yannis griechische Form von Johannes

Yaver türkischer Vorname arabischer Herkunft: Helfer

Yavuz *türkisch:* hart, mutig

Yehudi hebräischer Vorname; Nebenform von Juda

Yngve nordische Form von Ingwin

York dänische Form von Georg

Yor(r)ick englische Formen von York

Yul schwedische Form von Yule

Yule *schottisch und nordenglisch:* Weihnacht

Yves französische Form von Ivo

Yvo Nebenform von Ivo

Z

Zaccaria italienische Form von Zacharias

Zacharias griechische Form des biblischen Namens Sacharja; *aus dem Hebräischen:* erinnert hat sich Jahwe (Gott)

Zachary englische Form von Zacharias

Zahit türkischer Vorname arabischer Herkunft: fromm, gottesfürchtig

Zalo *bulgarisch:* gesund, heil

Zarin *bulgarisch:* der Zar
Zarjo Nebenform von Zarin
Zdenko tschechische Form von Sidonius
Zeno griechische Kurzform von Zenodoros = Gottesgeschenk, Gabe des Zeus
Zenobius *aus dem Griechischen:* Zeus und Leben
Zephyrinus *griechisch:* sanft wie der Westwind
Zlatko slawische Kurzform von Vornamen, die mit »Zlato-« = Gold zusammengesetzt sind

Mutter und Kind

Mein Kind ist krank – so hilft die Natur
Von Dr. med. H. Wachtl,
160 S., 101 Farbfotos,
gebunden
ISBN: 3-8068-**4761**-4
Preis: DM 39,90

Von der Familienplanung bis zum Schulbeginn reicht die Themenpalette dieser Ratgeberreihe für Eltern und solche, die es werden wollen. Schwerpunkte sind Schwangerschaft und Geburt, Pflege, Entwicklung und Erziehung.

Weitere FALKEN ElternRatgeber:

1254-3	Ich bekomme ein Baby
4884-X	Das erste Jahr mit dem Baby
0531-8	Das Babybuch
1034-6	Babyfitness
1612-3	Mein Baby entdeckt die Welt
4953-6	Was Dein Kind Dir sagen will
1874-6	Das Geschwisterchen kommt
1875-4	Ein Kind bekommen nach 35
7316-X	Wenn Kinder krank werden
1614-X	Mein Kind muß ins Krankenhaus
1773-1	Bach-Blüten für mein Kind
1646-8	Mein Kind hat Neurodermitis
1613-1	Keine Angst vor Trotzköpfen
1615-8	Das hyperaktive Kind
1423-6	Schwangerschaftsgymnastik und Geburtsvorbereitung
1651-4	Yoga während der Schwangerschaft
1470-8	Rückbildungsgymnastik

Die Kunst des Stillens
Von Prof. Dr. med. E. Schmidt,
S. Brunn, 110 S.,
6 s/w-Fotos, 11 Zeichnungen,
kartoniert
ISBN: 3-635-**60084**-9
Preis: DM 12,90

Durch Stillen können Sie Ihr Kind gesund und natürlich ernähren. Dieser kompetente Ratgeber gibt praktische Anleitungen und Gesundheitstipps für werdende und bereits stillende Mütter.

Unsere schönsten Vornamen
Von A. F. W. Weigel, 144 S.,
45 s/w-Zeichnungen, kartoniert
ISBN: 3-635-**60372**-4
Preis: DM 14,90

Der Ratgeber hilft Ihnen bei der Auswahl der schönsten Namen für Ihr Baby und gibt Tipps, worauf bei der Namenswahl zu achten ist. Außerdem erhalten Sie Informationen über den Ursprung und Bedeutung der Namen sowie fremdsprachige Namensformen.

Rückbildungsgymnastik
Von H. Höfler, 112 S.,
97 s/w-Fotos, kartoniert
ISBN: 3-635-**60062**-8
Preis: DM 12,90

Was geschieht im Körper der Mütter in den ersten Wochen nach der Geburt? Dieses Buch gibt Antwort auf diese Frage und das abwechslungsreiche Übungsprogramm zeigt, wie jede Frau durch eine gezielte Gymnastik die Rückbildungsprozesse ihres Körpers fördern kann.

FALKEN TaschenBuch

FALKEN

Mensch und Gesundheit

Die Heilkraft der Pflanzen
Von S. Poth – 208 S.,
194 Farbfotos, gebunden
ISBN: 3-8068-**4862**-9
Preis: DM 39,90

Vorgestellt werden etwa 100 Heilpflanzen mit botanischer Beschreibung, Inhaltsstoffen, Einsatzmöglichkeiten und Besonderheiten. Die einzelnen Pflanzen sind den Krankheiten zugeordnet – der medizinische Laie findet sofort die für ihn relevanten Pflanzen.

Neurodermitis
Von Prof. Dr. med. Dr. phil. S. Borelli,
Prof. Dr. med. J. Rakoski
136 S., 6 s/w-Fotos, 10 s/w-Zeichnungen, kartoniert
ISBN: 3-8068-**1649**-2
Preis: DM 24,90

Viele Menschen leiden unter Neurodermitis. Da es verschiedene Auslöser gibt, haben zahlreiche Betroffene bereits fehlgeschlagene Therapieversuche hinter sich. Dieses Buch hilft ihnen und ihren Angehörigen, den individuell richtigen Umgang mit der Erkrankung zu erlernen.

Rückenschmerzen
Von G. Leibold – 112 S.,
zweifarbig, 30 Zeichnungen,
kartoniert
ISBN: 3-635-**60059**-8
Preis: DM 14,90

Haben Sie auch Rückenschmerzen? Dieser Ratgeber beschreibt die Ursachen, erklärt allgemein verständlich die Krankheitsbilder und informiert über natürliche Heilweisen.

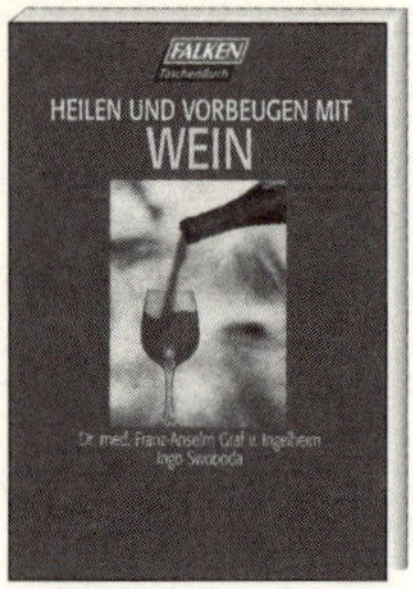

Heilen und vorbeugen mit Wein
Von Dr. med. F.-A. Graf v. Ingelheim,
I. Swoboda, 96 S., 46 s/w-Zeichnungen, kartoniert
ISBN: 3-635-**60311**-2
Preis: DM 14,90

Im Wein ist Gesundheit! Das wußten schon die alten Griechen. Auch Wissenschaftler haben die lebensverlängernde und vorbeugende Wirkung des Rebensaftes bewiesen. Dieser Ratgeber fasst die Anwendungen und Wirkungen der wohlschmeckenden Medizin zusammen.

Autogenes Training
Von R. Faller – 110 S.,
3 s/w-Zeichnungen, kartoniert
ISBN: 3-635-**60009**-1
Preis: DM 9,90

Durch autogenes Training haben bereits Millionen Menschen zu mehr Lebensfreude und Selbstsicherheit gefunden. Die in diesem Buch dargestellten Übungen führen stufenweise zur positiven Beeinflussung der seelischen Haltung und zu völliger Entspannung.

Fußsohlenmassage
Von G. Leibold – 96 S.,
73 Zeichnungen, kartoniert
ISBN: 3-635-**60036**-9
Preis: DM 11,90

In China entdeckte man schon vor Tausenden von Jahren, dass zahlreiche Zonen des Fußes in einer besonderen Art reflektorischer Beziehung zum übrigen Körper stehen. In diesem praxisorientierten Ratgeber erfahren Sie, wie Sie die heilsamen Wirkungen der Fußmassage für sich selbst nutzen können.

FALKEN TaschenBuch

Trennkost
Von U. Summ, 160 S.,
40 Farbzeichnungen, kartoniert
ISBN: 3-635-**60023**-7
Preis: DM 12,90

Sie möchten sich rundum wohlfühlen und vielleicht auch ein paar Pfunde verlieren? Dann ist Trennkost genau das richtige! Das Buch zeigt Ihnen mit über 120 Rezepten für den ganzen Tag, einem Trennungs- und Mengenplan sowie einem Umschalttag zur Umstellung, wie es funktioniert.

Preiswert kochen
Von E. Fuhrmann – 136 S.,
40 Farbzeichnungen, kartoniert
ISBN: 3-635-**60025**-3
Preis: DM 12,90

Auch mit preiswerten Lebensmitteln lassen sich attraktive Gerichte zubereiten. Das beweist dieser praktische Ratgeber mit über 120 fantasievollen Rezepten für jeden Geschmack.

Vegetarisch kochen
Von Prof. Dr. C. Leitzmann, K. Dittrich, C. und G. Kurz – 128 S.,
30 Farbzeichnungen, kartoniert
ISBN: 3-635-**60026**-1
Preis: DM 12,90

Ernährung soll heute schmackhaft und unkompliziert sein, aber leistungsfähig und fit halten. Die vegetarische Ernährung erfüllt all diese Ansprüche. Mit über 85 Rezepten macht dieses Buch allen Lust aufs „Kochen mit dem grünen Löffel".

Mikrowellen-Kochbuch
Von B. Pfeiffer – 128 S.,
40 zweifarbige Vignetten, kartoniert
ISBN: 3-635-**60008**-3
Preis: DM 12,90

Möchten Sie nicht auch einmal mehr mit Ihrer Mikrowelle machen, als nur Essen aufzuwärmen? In diesem praktischen Ratgeber finden Sie über 130 köstliche Gerichte für jeden Anlass. Die Rezepte sind für Solo-, Grill- und Kombinationsgeräte geeignet.

Backen ohne Zucker
Von H. Erkelenz, 88 S.,
33 Farbzeichnungen, kartoniert
ISBN: 3-635-**60098**-9
Preis: DM 12,90

Auch wenn Sie auf Haushaltszucker verzichten müssen, kann Ihr Speiseplan süße Gaumenfreuden enthalten. In diesem Buch finden Sie rund 80 Rezepte zum Backen ohne Zucker, dazu viele Tipps zum Umgang mit Fruchtzucker.

Waffeln
Von S. Koch – 146 S.,
30 Farbzeichnungen, kartoniert
ISBN: 3-635-**60034**-2
Preis: DM 14,90

Frischgebackene Köstlichkeiten laden zum Genießen ein: schnell zubereitet, lassen sie sich vielfältig variieren und mit den verschiedensten Beilagen kombinieren. Bei den über 220 Rezepten für Waffeln, Pfannkuchen, Crêpes und Hörnchen ist garantiert für jeden Geschmack etwas dabei.

Astrologie

Widder
ISBN: 3-8068-**1741**-3

Die anderen Sternzeichen dieser Reihe:

1742-1	Stier
1743-X	Zwillinge
1744-8	Krebs
1745-6	Löwe
1746-4	Jungfrau
1747-2	Waage
1748-0	Skorpion
1749-9	Schütze
1750-2	Steinbock
1751-0	Wassermann
1752-9	Fische

In dieser aufwendig ausgestatteten Sternzeichenreihe finden Sie alles Wissenswerte und Interessante zu jeweils einem Sternzeichen. Dazu: Anleitung zur Aszendentenberechnung, Planetentabellen und Checks zur persönlichen Übereinstimmung.

Alle Bücher haben 80 Seiten, sind durchgehend vierfarbig, gebunden und kosten **DM 14,90**.

Kinderhoroskop
Von W. Noé, 152 S.,
85 Vignetten, kartoniert
ISBN: 3-635-**60242**-6
Preis: DM 14,90

Lernen Sie Ihr Kind so kennen, wie es wirklich ist; denn aus astrologischer Sicht hat jedes Kind für sein Sternzeichen typische Verhaltensweisen und seinen eigenen Charakter. In diesem esoterischen Ratgeber finden Sie Antworten auf alle Fragen, die Eltern bewegen.

Der astrologische Kreis
Von J. Rachlitz, 160 S., mit Planetentabelle, kartoniert
ISBN: 3-635-**60336**-8
Preis: DM 16,90

Mit Hilfe dieses astrologischen Ratgebers können Sie anhand von Horoskopberechnung, -deutung und -darstellung Ihr eigenes Horoskop und das anderer Menschen erstellen.

Der immerwährende Kalender der Mondkraft
Von S. Heideweg, 160 S.,
7 s/w-Fotos, kartoniert
ISBN: 3-635-**60301**-5
Preis: DM 14,90

Die Kraft des Mondes wirkt und hilft. Wie Sie davon am besten profitieren, verrät Ihnen dieser Ratgeber.

Chinesisches Horoskop
Von G. Haddenbach, 88 S.,
kartoniert
ISBN: 3-635-**60006**-7
Preis: DM 9,90

Die chinesische Astrologie deutet den Charakter und das Schicksal nach Jahren. In diesem Buch finden Sie viele Antworten zu ihrem persönlichen Tierzeichen.

Liebes-Horoskop
Von W. Noé, 120 S.,
kartoniert
ISBN: 3-635-**60297**-3
Preis: DM 12,90

Die Sterne prägen die erotische Anziehung. Dieser astrologische Ratgeber zeigt Ihnen den Weg zu einer befriedigenden und erfüllten Partnerschaft.

FALKEN TaschenBuch
FALKEN

Stand der Preise 1.1.1998 · Änderungen vorbehalten

Was kostet mein Recht?
Von J. Mosler – 104 S.,
mit vielen Tabellen, kartoniert
ISBN: 3-635-**60234**-5
Preis: DM 12,90

Bei vielen Streitfällen brauchen Sie Rat, Unterstützung und Vermittlung durch andere, ob für eine Auseinandersetzung vor Gericht oder ohne Prozess.
Doch was kommt in einem solchen Fall an Kosten auf Sie zu? Mit Hilfe dieses Rechtsratgebers erfahren Sie, was Sie Ihr Recht kostet, wie Sie im voraus einen Kostenüberblick gewinnen und so Kosten vermeiden können.

Ihr Recht als Vermieter
Von R. Richter, P. J. Schneider,
A. Pollert – 208 S., kartoniert
ISBN:3-635-**60243**-4
Preis: DM 16,90

Unangenehme Mieter, Streit um das Mietobjekt, Verjährungsfristen – so manches kann einem Vermieter das Leben schwer machen. Der Ratgeber schafft einen Überblick über die wichtigsten Aspekte des Mietrechts.

Testament und Erbschaft
Von T. Drews – 192 S.,
zweifarbig, kartoniert
ISBN: 3-635-**60058**-X
Preis: DM 14,90

Was ist beim Abfassen eines Testaments zu beachten? Welche Funktionen hat ein Testamentsvollstrecker? Wie ist die gesetzliche Erbfolge geregelt? Was bedeutet Pflichtteil? Dieser Rechtsratgeber gibt Auskunft und beantwortet alle wichtigen Fragen zum Thema Testament und Erbschaft.

Mietrecht aktuell
Von H. Weber – 160 S.,
2 Zeichnungen, kartoniert
ISBN: 3-635-**60052**-0
Preis: DM 14,90

Wohnen zählt zu den Grundbedürfnissen des Menschen, doch nicht jedem gehört die eigene Bleibe. Eine fundierte Kenntnis Ihrer Rechte und Pflichten als Mieter erleichtern den Umgang mit dem Vermieter und hilft, so manches Problem zu lösen. Dieser Ratgeber informiert Sie aktuell und umfassend über wichtige Fragen des Mietrechts.

Erziehungsgeld, Mutterschutz, Erziehungsurlaub
Von J. Grönert
192 S., kartoniert
ISBN: 3-635-**60014**-8
Preis: DM 19,90

Das 1986 in Kraft getretene Bundeserziehungsgeldgesetz, das auch den Erziehungsurlaub regelt, ist in den letzten Jahren erheblich verbessert worden. Dieser Rechtsratgeber informiert leicht verständlich über den aktuellen Stand und beantwortet alle wichtigen Fragen.

Scheidung und Unterhalt
Von T. Drewes
220 S., kartoniert
ISBN: **3-635-60015**-6
Preis: DM 19,90

Die Zahl der Scheidungen nimmt immer weiter zu, die Konsequenzen sind für die Betroffenen kaum absehbar. Dieser Rechtsratgeber gibt Auskunft und beantwortet wichtige Fragen zu diesem Thema.

FALKEN TaschenBuch